Sozio-Kultur und Entwicklungspraxis

Europäische Hochschulschriften
European University Studies
Publications Universitaires Européennes

Reihe XXII   **Soziologie**
Series XXII   Sociology
Série XXII   Sociologie

Band/Volume **455**

Werner Jakob Stueber

Sozio-Kultur und Entwicklungspraxis

Die äthiopische staatliche Hochschulreform

Bibliografische Information der Deutschen Nationalbibliothek
Die Deutsche Nationalbibliothek verzeichnet diese Publikation in der Deutschen
Nationalbibliografie; detaillierte bibliografische Daten sind im Internet über
http://dnb.d-nb.de abrufbar.

ISSN 0721-3379
ISBN 978-3-631-65023-3 (Print)
E-ISBN 978-3-653-03974-0 (E-Book)
DOI 10.3726/978-3-653-03974-0

© Peter Lang GmbH
Internationaler Verlag der Wissenschaften
Frankfurt am Main 2014
Alle Rechte vorbehalten.
PL Academic Research ist ein Imprint der Peter Lang GmbH.
Peter Lang – Frankfurt am Main · Bern · Bruxelles · New York · Oxford · Warszawa · Wien

Das Werk einschließlich aller seiner Teile ist urheberrechtlich geschützt.
Jede Verwertung außerhalb der engen Grenzen des Urheberrechtsgesetzes ist
ohne Zustimmung des Verlages unzulässig und strafbar.
Das gilt insbesondere für Vervielfältigungen, Übersetzungen, Mikroverfilmungen
und die Einspeicherung und Verarbeitung in elektronischen Systemen.

Dieses Buch wurde vor Erscheinen peer reviewed.

www.peterlang.com

Inhaltsverzeichnis

Vorwort vii

Einleitung 1

1. Die äthiopische staatliche Hochschulreform 5
   1.1 Adama University 5
   1.2 *Framework* 8
   1.3 School of Humanities & Natural Sciences 11
   1.4 Zwischenbilanz 13

2. Exkurs: Pädagogisches Erbe, Modernisierungsdoktrin
   und Bildungshilfe 15
   2.1 Charakteristika der äthiopischen Bildungslandschaft nach 1941 15
   2.2 Zur aktuellen Hochschulpolitik Äthiopiens 21
   2.3 Modernisierungsdoktrin und Kulturrelativismus 26

3. Grenzen der Machbarkeit 33
   3.1 Adama University: Eine Bilanz 33
   3.2 Sozio-kulturelle Determinanten in der Entwicklungstheorie 36
   3.3 Selektive Typologie: Zeit, Klientel, Sprache 45
       3.3.1 Zeit 45
       3.3.2 Klientelismus 50
       3.3.3 Sprache 56

4. Die sozio-kulturellen Schlüsselfaktoren des BMZ in
   der Entwicklungspraxis 65

Schlussfolgerungen 71

Literaturverzeichnis 77

Anhang 81
   *Continuing Professional Development for Higher Education
   Institutions In Ethiopia*: *The Framework* 83

Abstract 136

Vorwort

Trotz eines beachtlichen und konstanten Wirtschaftswachstums im zurückliegenden Jahrzehnt wird Äthiopien nach dem *Human Development Index* (HDI) der Vereinten Nationen nach wie vor zu den ärmsten Ländern gerechnet. Für 2012 weist der HDI Äthiopien Rang 173 von insgesamt 187 Ländern zu (vgl. UNDP HDI 2013) Nach dem Sturz des sozialistisch orientierten *Derg*-Regimes Mengistu Haile Mariams amtierte die äthiopische Bundesregierung unter Staatspräsident Meles Zenawi seit 1995 mit neuer Verfassung und neuer wirtschaftspolitischer Ausrichtung. Sie entschied 2004 im Rahmen eines Staatsbesuches des damaligen Bundeskanzlers Gerhard Schröder mit deutscher Hilfe ein ehrgeiziges Entwicklungs- und Reformprogramm auf den Weg zu bringen mit dem Ziel, wirtschaftliche, insbesondere privatwirtschaftliche Entwicklung in enger Verzahnung mit dem Ausbau des berufsbildenden Sektors und einer Reform der universitären Berufschullehrer- und Ingenieurausbildung zu erreichen. Ausgewählte Wirtschaftsbranchen[1], denen bei Gewährleistung entsprechender Qualitätsstandards Chancen auf dem Weltmarkt zugeschrieben wurden, sollten ihre Wettbewerbsfähigkeit durch Aus- und Weiterbildung qualifizierter Arbeitskräfte erhöhen.

Seit 2005 förderte das Bundesministerium für wirtschaftliche Zusammenarbeit und Entwicklung (BMZ) in Äthiopien das bilaterale, von ihrem Tochterunternehmen, der Gesellschaft für Internationale Zusammenarbeit (giz), umgesetzte und zu den größten und personalintensivsten Vorhaben der deutschen Entwicklungszusammenarbeit zählende *Engineering Capacity Building Program* (ecbp).[2] Das ecbp umfasste die vier Komponenten: Universitätsreform, Berufsbildungsreform, Verbesserung der Qualitätsinfrastruktur und Privatwirtschaftsentwicklung. Als Projektpartner für die Universitätsreform, d.h. die Struktur- und Ausbildungsreform ausgewählter äthiopischer staatlicher Hochschulen, rekrutierte der Deutsche

---

1 Verarbeitung landwirtschaftlicher Produkte, Textil-, Metall-, Leder-, Pharma- und Chemieindustrie sowie Bauwirtschaft.
2 Parallel hatte das äthiopische Bildungsministerium die International Services der giz als Durchführungsorganisation mit der Planung und dem Bau von 13 staatlichen Universitäten beauftragt.

Akademische Austauschdienst (DAAD) das akademische Personal und entsandte neben Langzeitdozenten Gründungspräsidenten und Gründungsdekane sowie Wissenschaftliche Direktoren und Verwaltungsdirektoren.

Die vorliegende Arbeit basiert auf meiner vierjährigen, von Anfang 2009 bis Ende 2012 wahrgenommenen Tätigkeit als Gründungsdekan zunächst der Geistes- und Naturwissenschaftlichen und später der Geistes- und Rechtswissenschaftlichen Fakultät der 90 km südlich der Hauptstadt Addis Abeba im Bundesstaat Oromia gelegenen Adama University. Die Adama University genoss im Rahmen des ecbp eine Vorreiterrolle; sie sollte als Modelluniversität mustergültige Umsetzungsergebnisse für die übrigen staatlichen, an dem Reformvorhaben beteiligten Universitäten liefern.

Die Beschäftigung mit den sozio-kulturellen Rahmenbedingungen der angestrengten Reformen an der Adama University, auf die sich die vorliegende Arbeit konzentriert, stellt keine Evaluierung, weder des ecbp insgesamt noch der Komponente Universitätsreform, dar, sondern thematisiert eine in der Praxis der Entwicklungszusammenarbeit nach wie vor vernachlässigte Dimension: die im Projektalltag zur Geltung kommenden sozio-kulturellen Faktoren, die sich als spezifische Wahrnehmungs-, Denk- und Handlungsmuster der Zielgruppen manifestieren und den Fortgang oder Stillstand laufender Projekte prägen. Anders formuliert, es geht um die vor Ort in Entwicklungsländern vielfach zu konstatierende Inkongruenz autochthoner Traditionen mit Modernisierungsstrategien westlicher Provenienz, wie sie konsolidierten Industriegesellschaften mit säkularer, rationalistisch ausgerichteter Wirklichkeitsinterpretation eigen sind. Von außen, d.h. aus einem anders gearteten kulturellen Kontext in einen bestimmten traditionellen Gesellschaftstyp hineinwirkende Maßnahmen, zum Beispiel der zwischenstaatlicher Entwicklungshilfe, stellen grundsätzlich eine Intervention in ein fremdes sozio-kulturelles Milieu dar, dem nach E. Gellner systemischer Charakter zukommt: „Man kann Kulturen grob als Systeme von Vorstellungen und Überzeugungen bezeichnen, an denen sich Denken und Verhalten orientieren" (Gellner 1993, S. 13). In der Regel reagieren die betroffenen „Empfängerkulturen" selektiv; sie inkorporieren, was sich mit ihrer Handlungsrationalität ohne Verlust eigener Identität vereinbaren lässt und sondern aus, was grundlegenden Prinzipien ihrer Organisations- und Wertestruktur widerspricht. Oder wie N. Luhmann formuliert: „Ein System orientiert die eigenen Operationen an der eigenen Einheit" (Luhmann 1984, S. 617). In diesem Spannungsfeld bewegt sich interkulturelle Kommunikation ganz allgemein und entwicklungspolitische Projektarbeit im Besonderen. Da Kulturen bzw. Gesellschaften in ihrer spezifischen Prägung systemischen Charakter haben, bedürfen sie einer ganzheitlichen Betrachtung. Im Prozess der Akkulturation, des Hineinwachsens des Individuums in seine kulturelle Umgebung, werden sprachliche und emotionale Ausdrucksformen, soziale Rollen, Regeln des zwischenmenschlichen Verhaltens, religiöse und künstlichere Gebräuche, rechtliche und politische Grundwerte sowie ökonomische Strukturen einer Gesellschaft verinnerlicht. Gerade bildungspolitische Reformen in der Entwicklungszusammenarbeit geschehen nicht kulturneutral sondern sind implizit mit Wertetransfer behaftet. Sie gehen mit Prozessen von Bewusstseinsbildung einher, die stets die Nahtstellen kultureller Systeme affizieren bzw. Veränderung suggerieren, zum Beispiel die Übernahme industrieller Sekundärtugenden wie intrinsische Leistungsmotivation oder eines linearen, gleichsam metronomisch getakteten Zeitverständnisses.

Die skizzierten Zusammenhänge sollen am Beispiel des Projektalltages eines Gründungsdekans an der Adama University greifbar werden und zugleich ein Plädoyer für die Abkehr von technizistischen Konzepten in der Entwicklungszusammenarbeit und die stets neu gebotene Vergegenwärtigung der Kulturgebundenheit von Technik sein.

In freundschaftlicher Verbundenheit danke ich Ekkehard Wolff, Prof. em. Dr. phil. habil., Lehrstuhl für Afrikanistik, Universität Leipzig, für seine kritischen Anmerkungen zu zentralen Kapiteln der vorliegenden Arbeit. Meinem Assistenten, Akeya Zeleke, Universität Adama, Äthiopien, danke ich für die Beschaffung wichtiger Dokumente und meinem Sohn Julian Stueber, Institut de' Études Politiques (Sciences Po), Paris, für seine Unterstützung bei der bibliographischen Recherche sowie umfangreichen Korrekturarbeiten.

Arba Minch, Äthiopien, im August 2013　　　　　　　　　　Werner Jakob Stueber

Einleitung

„Kultur ist nichts anderes als ein Ensemble erworbener Eigenschaften. Kultur ist der besondere Umgang mit der Welt, der eine bestimmte Gemeinschaft auszeichnet und nicht durch die erbliche Ausstattung der Mitglieder diktiert ist" (Gellner 1993, S. 12). Diese aus kulturanthropologischer Sicht[3] gegebene Definition unterstreicht implizit die Veränderbarkeit gewachsener kultureller Systeme, deren konstitutive Offenheit für Veränderung und Wandel, kurzum Kategorien, die in der entwicklungssoziologischen Debatte von grundsätzlicher Bedeutung sind. Dabei werden im engeren Sinne die *sozio-kulturellen* Faktoren von den *kulturellen* abgegrenzt. Während Letztere allgemein Unterscheidungsmerkmale im Vergleich von Kulturen bezeichnen, thematisieren Erstere die Rolle kultureller Aspekte im innergesellschaftlichen Funktionszusammenhang (vgl. Bliss 1997, S. 21). In der entwicklungspolitischen Debatte stellte sich in den zurückliegenden Jahrzehnten allmählich eine Akzentverschiebung ein; die Erkenntnis rückte in den Vordergrund, „dass die Standards nur von den ,sich entwickelnden' Gesellschaften selbst aufgestellt werden können. Sie sind also von Gesellschaft zu Gesellschaft resp. von Kultur zu Kultur unterschiedlich." (Bliss 1997, S. 17). Entwicklung bedeutet in diesem Sinne immer auch eine Veränderung des bodenständig gegebenen kulturellen Repertoires, ausgelöst durch Einwirkung von und/ oder Konfrontation mit neuen Herausforderungen an die Adaptionsfähigkeit der

---

3 Definitionen zum Kulturbegriff sind Legion. So sprechen schon 1983 D. Nohlen und F. Nuscheler von 160 gelisteten Kultubegriffen: „Was unter Kultur exakt zu verstehen ist, ist umstritten [...] In einer ersten Annäherung kann unter Kultur der kollektive Wissensvorrat [...] verstanden werden. Diese ideelle Kultur umfasst den Komplex historisch erworbener bzw. erlernter Werte, Normen und Einstellungen [...] Die materielle Kultur [...] ist demgegenüber das technisch-materielle Produkt organisierter menschlicher Aktivitäten [...] eine weitgefasste Definition begreift Kultur als Gesamtheit ideeller und materieller Lebensäußerungen [...] So wird Kultur definiert als historisch abgeleitetes System von Lebensmustern (*designs of living*), das von Mitgliedern einer ethnischen, religiösen oder gesellschaftlichen Gruppe geteilt wird" (Nohlen 1983, S. 250). G. Hofstede merkt an: „Denk-, Fühl- und Handlungsmuster [sind] *mentale* Programme [...] ein gängiger Begriff für eine solche Software ist *Kultur*." (Hofstede 1993, S. 18).

eigenen, d. h. der tradierten Orientierungen. Wie sich diese Zusammenhänge in Rahmen des Hochschulreformprojektes an der Adama University darstellen, soll die vorliegende Arbeit aufzeigen.

In der nachkolonialen Phase in den ersten Jahrzehnten nach dem Zweiten Weltkrieg setzte sich die Einbeziehung der Entwicklungsländer in die Strukturen der industriellen Kultur unter anderen Prämissen fort. Im Zuge des allmählich global erfolgenden Exports der Produktions- und Konstitutionsweisen westlicher Industriegesellschaften fungierten sie als Peripherie im Interaktionssystem einer arbeitsteiligen, transnational agierenden Ökonomie. Äußerlich betrachtet, offenbarte sich dabei weltweit eine zunehmende materielle Ähnlichkeit vieler Gesellschaften, die vorschnell all Indikator für die Adaption von Handlungslogik und Wertesystemen westlicher Provenienz gewertet wurde. Die als Charakteristika der Moderne zur Geltung kommenden Prinzipien der Rationalität und des technischen Fortschritts werden über die Institutionen des Bildungs-, Wissenschafts- und Technologietransfers transportiert. U. Laaser verweist am Ende der zweiten Entwicklungsdekade 1980 auf die von der Bundesrepublik Deutschland auf dem Gebiet der Bildungshilfe 1972 (vgl. BMZ 1972) vorgelegte Bilanz. Im Rahmen des Internationalen Erziehungsjahres der Vereinten Nationen hatte die Bundesrepublik 1971 ein Grundsatzprogramm verabschiedet, dass die Aktivierung des Willens und der Fähigkeit zur Selbsthilfe in breiten Bevölkerungssegmenten in Entwicklungsländern apostrophierte. Bildung sollte „aus ihrer isoliert-dienenden Funktion herausgeholt und [...] eine Rolle in den verschiedenen Teilbereichen des Entwicklungsprozesses zugewiesen werden" (Laaser 1980, S. I). Diese Perspektive förderte die Konturierung alternativer, stärker qualitätsorientierter Strategien im Gegensatz zu der im entwicklungspolitischen Diskurs dominierenden Modernisierungsdoktrin mit vorrangiger Betonung des quantitativen Bildungsausbaus. Zeitversetzt wurde dem kulturellen Erbe der betroffenen Empfängern von Entwicklungshilfe als bodenständige, zu mobilisierende Ressource allmählich mehr Beachtung geschenkt. Ein Bewusstsein um die dabei zutage tretenden kulturellen Konflikte schälte sich ebenfalls mit einiger Verzögerung heraus. Eine Reihe von Forschungsvorhaben, die vonseiten des BMZ in Auftrag gegeben wurden, behandelte die Bedeutung sozio-kultureller Faktoren in der Entwicklungstheorie und -praxis (vgl. v. d. Ohe 1982; Müller 1990; Bliss 1997), wobei die Abgrenzung zwischen ökonomischen und sozio-kulturellen Faktoren im Zentrum stand und als Beitrag für ein umfassendes Rahmenkonzept des BMZ zur Erfassung sozio-kultureller Kriterien und deren Operationalisierung in der entwicklungspolitischen Planung dienen sollte.

Im Zuge entwicklungspolitischer Maßnahmen erfolgt Technologietransfer untrennbar von Wissens- und damit Kulturtransfer. Eine Nahtstelle dieses

Geschehens ist der Bildungsbereich, wo Wissen vermittelt, Techniken erlernt und kulturell geprägte Verhaltensweisen implizit thematisiert werden. Konflikte entlang dieser „interkulturellen Begegnung" sind vorprogrammiert.

Die vorliegende Arbeit charakterisiert zunächst die Adama University als überkommene, ab 2008 der Umstrukturierung unterzogene Institution. Einhergehend wird das den Reformbemühungen zugrunde gelegte *Framework* des deutschen Gründungspräsidenten in seinen Grundzügen dargestellt. Ein historischer Rückblick auf Äthiopiens Bildungspolitik dient der Kontextualisierung; ebenso die Skizze zum Paradigmawechsel westlicher Bildungshilfe. Im Anschluss soll anhand ausgewählter signifikanter sozio-kultureller Faktoren, denen im Zuge des Reformvorhabens an der Adama University zentrale Bedeutung zukam, eine exemplarische Darstellung und Problematisierung der sozio-kulturellen Dimension in der Entwicklungszusammenarbeit erreicht werden.

1. Die äthiopische staatliche Hochschulreform

Der Prozentsatz der Sekundarschulabsolventen, die in den tertiären Bildungssektor Äthiopiens eintreten, ist mit 3,6 % auffallend gering im Vergleich zum subsaharischen Durchschnittswert um 6 %, den die UNESCO für das Jahr 2008 (vgl. UNESCO 2010, S. 283) nennt. Dennoch gilt, dass eine Massifizierung in der Hochschulbildung Äthiopiens vonstatten geht: Von 39 000 Studierenden in den späten 1990er Jahren stieg die Zahl auf 185 000 im akademischen Jahr 2007/2008. Dieser rasante Zuwachs soll sich fortsetzen und binnen 5-Jahresfrist, d. h. bis 2015, die Zielmarke von 467 000 Studierenden erreichen (vgl. *Growth and Transformation Plan* 2010, S. 15). Es stellte sich die Frage, wie die benötigte Infrastruktur für die Beherbergung und Beschulung auf Hochschulebene zeitnah eingerichtet und finanziert werden kann. Der Umstand, dass der Agrarsektor, der das wirtschaftliche Geschehen Äthiopiens nach wie vor bestimmt, kaum stärker mit Steuern belegt werden kann und die Wahrscheinlichkeit hoch ist, dass Spendengelder internationaler Geberorganisationen nicht proportional zum skizzierten Anstieg wachsen, lässt das Vorhaben ausgesprochen ehrgeizig erscheinen.

Die äthiopische Bundesregierung sieht im Ausbau des tertiären Bildungssektors eine Chance, dringend benötigte, akademisch gebildete Fachkräfte primär für den bislang lediglich in ungenügendem Maße in privatwirtschaftliche Strukturen überführten Industriesektor bereitstellen zu können, wobei technisch-anwendungsorientierten Ausbildungsprofilen gemäß dem Ausbildungskanon deutscher Fachhochschulen vom Anfang der Reformzusammenarbeit an Priorität zukam.

1.1 Adama University

Die Adama University (AU), seit Anfang 2012 Adama Science & Technology University, zählte aus Sicht der beiden steuernden äthiopischen Ministerien, dem später aufgelösten Ministry of Capacity Building (MoCB) und dem Ministry of Education (MoE) zur Gruppe der circa 15 Hochschulen des Landes, die in den Jahren ab 2005 neu errichtet, oder, wie im Falle der AU, infrastrukturell ausgebaut und mit vom DAAD entsandten Personal organisatorisch reformiert wurden. Die International Services der giz waren in diesem Zusammenhang über mehrere Jahre hinweg mit Baumaßnahmen betraut, die insgesamt in einer eigenen Programmlinie, dem *University Capacity Building Program* (UCBP), organisatorisch gefasst wurden. Das Center for International Migration (CIM), eine Unterorganisation bzw. Ausgründung der giz, entsandte technische Fachkräfte, der Deutsche Akademische Austauschdienst (DAAD) akademisches Führungs- und Lehrpersonal, anfänglich insbesondere an die AU, und die in Addis Abeba angesiedelte, von äthiopischer und deutscher Seite gemeinsam gesteuerte ecbp-Zentrale koordinierte den überwiegenden Teil aller Maßnahmen.

Die AU beherbergt auf dem Hauptcampus im Stadtbereich Adama vier Fakultäten: die School of Engineering & Information Technology, die School of Business Administration, Management & Trade, die School of Humanities & Natural Sciences (ab 2012 School of Humanities & Law und School of Natural Sciences), und die School of Pedagogy & Vocational Teacher Education. Der Campus im 70 km entfernten Asella umfasste neben der School of Health und der School of Agriculture das Adama University Hospital und die Modellfarm AMAE (Asella Model Agricultural Enterprise), eine Ausgründung der AU. Von den im akademischen Jahr 2008/2009[4] insgesamt 17 600 eingeschriebenen Studierenden befanden sich 9 500 im regulären *undergraduate*-Studium, das mit dem *Bachelor*-Grad abschließt, 4 300 im Abendstudium, 3 500 im Sommerprogramm und 300 in Postgraduierten *Master*-Studiengängen. Somit entsprach die AU zu jenem Zeitpunkt einer Universität mittlerer Größe in der deutschen Hochschullandschaft.

Historisch betrachtet, hatte sich das Nazareth Technical College zum Nazareth College for Technical Teacher Education entwickelt, bevor daraus 2006 die Adama University mit veränderten Vorzeichen entstand. Mit der Konturierung eines radikal neuen, an der nationalen wirtschaftlichen Entwicklung Äthiopiens orientierten Ausbildungskonzeptes mit einhergehendem Implementierungsplan, niedergelegt im sogenannten *Framework*, war der Grundstein für die Rolle der AU als nationale Referenzinstitution gelegt. Der AU kam von 2008 bis 2010/11 die Sonderrolle zu, als einzige staatliche Hochschule auf der ersten (Präsident) und zweiten Führungsebene (Dekane) vollständig mit aus Deutschland entsandten Führungskräften besetzt zu sein, wobei die zugesprochen Befugnisse außerordentlich weit gefasst waren mit dem Ziel, möglichst unbehindert von in weiten Teilen schwergängigen bürokratischen Strukturen agieren und gleichsam als „Leuchtturm"-Projekt fungieren zu können. Die in Deutschland im zurückliegenden Jahrzehnt durchgeführte Hochschulreform sollte exemplarisch und an äthiopische Verhältnisse angepasst an der AU umgesetzt werden, um eine bis dato im Land unbekannte Strukturreform des Hochschulsektors nach internationalen Standards zeitnah erreichen zu können. Zentrale Komponenten

---

4   Alle nachfolgenden Zahlenangaben zur AU und ihren Einrichtungen basieren auf internen Erhebungen, die dem Autor vorliegen.

des in der deutschen Hochschullandschaft vollzogenen Reformprozesses wie die Einführung von Globalhaushalten mit einhergehender Abschaffung der kameralistischen Haushaltsführung, von Kosten-Leistungs-Rechnung und von curricularer Revision im Sinne des *Bologna*-Prozesses fanden sich an der AU in einer vom *Managing Board* (Rektorat) gesteuerten, groß dimensionierten Reformanstrengung wieder, die auf Fakultätsebene (*Schools*) ganz wesentlich von den deutschen Gründungsdekanen umgesetzt werden sollte. Den deutschen Dekanen war jeweils ein äthiopischer Gründungsdekan als *counterpart* zur Seite gestellt mit dem Ziel, eine Einarbeitung in einen von *change management*-Prämissen geprägten Führungsstil zu ermöglichen.

Die Gesamtschau dieses Reformprozesses, der im Folgenden näher analysiert wird, ist in dem erwähnten, vom deutschen Gründungspräsidenten verfassten *Framework* niedergelegt, ein Dokument, das offizielle Billigung durch die auf äthiopischer Seite involvierten Ministerien erfahren hatte und als mustergültiges Manual landesweit der Referenz diente. Auch die 2009 auf nationaler Ebene durch die parlamentarischen Instanzen verabschiedete *Higher Education Proclamation*, vom Stellenwert her mit den Hochschulrahmengesetzen in Deutschland vergleichbar, trug erkennbar die Handschrift der AU bzw. ihres Gründungspräsidenten. Im Reigen der erwähnten Hochschulen erfreute sich die AU als offizielle Referenzhochschule des Landes in den ersten Jahren der Reform einer direkten Rückkopplung an das MoE und das MoCB, was Entscheidungsfindungsprozesse auf präsidialer Ebene merklich beschleunigte und zum anfänglichen, von der äthiopischen Bundesregierung ausdrücklich anerkannten Erfolg der Reformmaßnahmen beitrug.

Die äthiopische Regierungsseite war insbesondere über ihren Forschungsminister leitend im *Supervisory Board* der AU präsent, wodurch auch der Steuerung des Models AU auf operativer Ebene, unter Beteiligung der kommunalen und regionalen Wirtschaft sowie des Bundesstaates Oromia, in dem sich Adama befindet, einmal mehr nationale Aufmerksamkeit zukam. Die Oromo stellen die größte Ethnie mit rund 25% Bevölkerungsanteil im Vielvölkerstaat Äthiopien, die Amharen mit ungefähr 23% die zweitgrößte. Diesem Proporz kommt politische Bedeutung zu; im Hochschulsektor einmal mehr vor dem Hintergrund, dass die Stadt Adama mit rund 260 000 Einwohnern gleichsam als „Landeshauptstadt" des Bundesstaates Oromia ausgewiesen ist, obwohl seine Regierung es aus politischem Kalkül bevorzugt, in der Hauptstadt Addis Abeba angesiedelt zu sein[5]. Ein prestigeträchtiges, vonseiten der von einer tigrenisch-amharischen politischen Elite geprägten Bundesregierung an der Universität der „Landeshauptstadt" in Oromia angesiedeltes Hochschulreformprojekt birgt Konfliktstoff in sich. Adama stellt ein

---

5   Die Hauptstadt Äthiopiens, Addis Abeba, liegt ebenfalls im Bundesstaat Oromia.

Kerngebiet der Selbstbehauptung der Oromo dar, deren Eliten sich weitverbreitet als Gegenpart zur amharisch-tigrenischen Dominanz im Staatsapparat in Addis Abeba artikulieren und vielfach ein als revisionistisch anmutendes politisches Begehren äußern[6]. An anderem Ort von der Zentralregierung formulierte Leitlinien zur Bildungs- bzw. Institutionenpolitik provozieren Reaktionen.

1.2 *Framework*

Das *Framework* (vgl. Eichele 2008) stellt sowohl eine Gesamtschau der intendierten neuen Organisationsstruktur der AU als auch eine Ausdifferenzierung einhergehender Entscheidungsfindungs- und Geschäftsprozesse dar. Zugrunde lag die Vorstellung von effizienten und von unternehmerischer Initiative bestimmten Managementstrukturen, die sich abheben von primär *administrierenden* Tätigkeitsprofilen in Einrichtungen des Öffentlichen Dienstes. Schlanke, d. h. personell möglichst ohne Redundanz definierte Organisationseinheiten, flache Hierarchien und die auf diese Weise in den Handlungsabläufen implizierte Dynamik wurden als Katalysator für eine relativ zeitnahe Implementierung des großdimensionierten Umstrukturierungsprozess gewertet. Zu „produzierender" bzw. zu „managender" Gegenstand war die Gesamtarchitektur (*institution building*) einer anwendungs- und berufsqualifizierend orientierten Einrichtung tertiärer Bildung in Anlehnung an das deutsche Fachhochschulmodell. Den unmittelbaren Referenzrahmen ergaben dabei entsprechend reformierte Institutionen entwickelter Industriegesellschaften westlicher Provenienz; die spezifische Prägung der bestehenden äthiopischen Einrichtungen des Öffentlichen Dienstes bildete sich als retardierendes Moment nicht unmittelbar in der Konzeption des *Framework* ab. Dies wäre zum einen auch kaum ohne umfangreiche ethnologisch-soziologische Studien möglich gewesen und war auf äthiopischer Seite, der gemäß dem Paradigmawechsel in der internationalen Entwicklungszusammenarbeit grundsätzlich die Eigentümerschaft (*ownership*) bzw. das Definitionsmonopol zukam, nicht vorgesehen. Ferner hätten umfangreichere, vorbereitende Studien das knapp definierte Zeitfenster für das Gesamtvorhaben strapaziert. Zum zweiten erschien es ratsam, mit Blick auf den vielfach physisch maroden Zustand der Liegenschaften insgesamt dringlich Abhilfe zu schaffen, um überhaupt eine institutionelle Basis für die im Kern der Reform platzierte Arbeit

---

6   Historischer Ursprung ist die amharische territoriale Expansionspolitik des Kaisers Menelik II, der Ende des 19. Jahrhunderts u. a. die unabhängigen oromischen Stammgebiete im südlichen Landesteil des heutigen Äthiopiens einverleibte.

an den Ausbildungsinhalten der Studiengänge zu gewinnen. In der Folge wurden differenzierte Sichten zu möglichen Akzeptanzproblemen der Intervention in einen gewachsenen institutionellen Organismus zurückgestellt. Erahnte Reibungsflächen hinsichtlich der mentalen Disposition der universitären Belegschaft und des soziokulturellen Umfeldes sahen sich am ehesten in dem Grundsatz des *Framework* aufgehoben und für den späteren Zugang konserviert, der eine Fortschreibung und kontinuierliche Anpassung des Reformprozesses entlang im Verlauf der Umsetzung sich ergebender Erkenntnisse und Erfordernisse vorsah.

Im Einzelnen standen insbesondere folgende zentralen Teilaspekte des Umstrukturierungsprozesses im Vordergrund:

Der Ausbau der *physischen Infrastruktur* des Campus erfolgte zum einen durch umfangreiche Baumaßnahmen in Form der Errichtung neuer Vorlesungshallen und Studierendenwohnheimen, von Wegebau und des Ausbaus der Universitätsbibliothek und ihrer Dependenzen. Zum anderen erforderten Wasserversorgung und sanitäre Anlagen, Elektrizitätsnetz und die informationstechnologische Infrastruktur eine massive Ausweitung.

Die *universitäre Zentralverwaltung* bedurfte funktionierender Organisationseinheiten primär für das Personal-, Haushalts-, Beschaffungs- und Archivierungswesen. Daneben stand die Neustrukturierung von Planungsstäben, zentralen Gremien und Kommissionen an; weiterhin die Abfassung von Regularien, Geschäfts- und Prüfungsordnungen, die Einführung der Kostenstellen-Bewirtschaftung sowie die Schaffung eines effizienten, die gesamte physische Infrastruktur sicherstellendes und die Liegenschaften handhabendes Technisches Dezernat. Die Reform der universitären Zentralverwaltung ging – eher implizit als denn konzeptionell ausdifferenziert – zunächst von der Vorstellung aus, der stark von parochialen, auf Großfamilienbanden und politisch und ethnisch definierter Gruppenzugehörigkeit geprägten, vorgefundenen Struktur, die zu einem beachtlichen Teil die Vergabe von Stellen und Ämtern bestimmte, ein mit anderen „Anführungszeichen" versehenes Pendant zu bieten: Eine von diesem Kontext befreite, kompetenzbasierte und in der Tendenz somit egalisierende Verwaltungsstruktur. Anreizsysteme, die sich als reizvoller als die tradierten, zu einem guten Teil die Subsistenz durch Zugang zu Pfründen bis hin zur Korruption sichernden Strukturen hätten erweisen müssen, blieben auch in Ermangelung von greifbaren Alternativen im Wesentlichen auf zukünftige ideelle Belohnung, etwa in Form von in Aussicht gestellten Fortbildungsmöglichkeiten, auch im Ausland, und appellative, statusbetonende Rhetorik im Sinne der Zugehörigkeit zu einer sich als „modern" begreifenden Elite begrenzt. Ein zeitnah und vor allem materiell sich niederschlagendes „Substrat" als Motivationsbasis im Angesicht der stets prekär sich gestaltenden Subsistenzsicherung der meisten Beschäftigten bei phasenweise hohen jährlichen Inflationsraten blieb somit schwach ausgeprägt und stand eher umgekehrt proportional zur „Verzichtsethik", die für eine längere Übergangsphase des Reformprozesses zwangsläufig anstand.

Das Hauptaugenmerk der Reformanstrengungen galt jedoch den *Fakultäten*, deren Lehrinhalte grundsätzlich und flächendeckend einer Revision eingedenk neuerer Forschungserkenntnisse in den entsprechenden Fachgebieten unterzogen werden sollten, deren Lehrkörper methodisch und didaktisch weitergebildet, deren Lehrmaterial- und Literaturbasis zum Teil überhaupt erst geschaffen und deren begleitende Verfahren zur Leistungsmessung (Monitoring, Qualitätssicherung) nach international kompatiblen Standards herbeigeführt werden mussten. Hinzu kam die Erweiterung fortführender Studienangebote auf *Master*-Ebene mit Forschungskomponente im Unterschied zum grundständig qualifizierenden *Bachelor*-Studium, die Vernetzung mit den außeruniversitären Kommunen und deren Weiterbildungsbegehren, etwa zur Höherqualifizierung von Beamten und Angestellten des Öffentlichen Dienstes und damit zur Generierung von zusätzlichen Einnahmen für die AU sowie die Förderung von unternehmerischen, Praktikums- und Arbeitsplätze schaffenden Gründungsinitiativen (*Spin Offs*, *Start Ups*) aus dem Campus heraus. Letztere stand im Einklang mit den auf nationaler Ebene propagierten Industrialisierungsoffensiven, und oblag insbesondere der Ingenieurwissenschaftlichen Fakultät. Das später dieser Fakultät zugeschlagene Further Training Institute, eine zunächst zentraluniversitäre Einrichtung zur Fort- und Weiterbildung von an den landesweit existierenden Berufsschulen zum Einsatz kommenden Lehrern, wurde als Sonderprojekt mit separatem Budget von deutscher Seite aufgebaut.

Leitmotiv für die Neuausrichtung der Fakultäten war die Vorstellung „Kompetenzcluster" zu schaffen, d.h. durch Bündelung von theoretischem Wissen, anwendungsbezogenen Kenntnissen und Fertigkeiten vermittelnden Erfahrungen sollte unter dem Dach einer Fakultät integrierte Expertise für die übrigen Fakultäten abrufbar zur Verfügung stehen und synergetisch verstärkend wirken. In diesem Sinne waren zum Beispiel die Modellfarm AMAE und die School of Agriculture oder das Universitätskrankenhaus und die School of Health verbunden. Oder die School of Humanities & Natural Sciences speiste Grundlagenwissen in Mathematik und Physik für angehende Ingenieure ein und Englisch-Sprachunterricht für alle Fakultäten. Die School of Engineering wiederum konnte indirekt als fachlich begleitende Instanz gelten für eine Reihe von anwendungsbezogenen, auf die Verbesserung der Infrastruktur ausgerichteten Vorhaben, unter denen das von der separat, unter anderem in

Adama, durchgeführte *cobblestone project* hervorragte, d. h. die Pflasterung von Wegen und Straßen auf und vor allem außerhalb des Campus, einhergehend mit Ausbildungs- und Trainingskomponenten.

Am Beispiel der School of Humanities & Natural Sciences, der als Grundlagenwissen in nahezu alle Studiengänge einspeisenden Einrichtung eine Sonderrolle im Konzert der Fakultäten zukam, werden stellvertretend einige der Anforderungen im Sinne des intendierten Reformprozesses greifbar.

1.3 School of Humanitites & Natural Sciences

Zunächst noch einmal ein kurzer Rekurs auf Statistik, die den raschen Anstieg der Studierendenzahlen im Vergleich zu den oben angeführten Daten für das akademische Jahr 2008/2009 belegt. Von den im akademischen Jahr 2011/2012 an der AU insgesamt 23 809 eingeschriebenen Studierenden befanden sich 13 920 im regulären *undergraduate*-Studium, 4 952 im Abendstudium, 4 312 im Sommerprogramm und 625 in Postgraduierten *Master*-Studiengängen.

Die Anfang 2012 in zwei voneinander unabhängige Fakultäten überführte (s.o.) School of Humanities & Natural Sciences (SHN) zählte mit rund 5400 Studierenden (reguläre *undergraduate*-Studierende: 1380; Abendstudium: 1475; Sommerprogramm: 2448; Postgraduierte *Master*-Studiengänge: 85) zu den größten der AU. Der Lehrkörper umfasste rund 163 Dozenten/innen, von denen 109 über einen *Master*-Grad verfügten, 37 über einen *Bachelor*-Abschluss und nur 7 promoviert waren, womit zugleich auf eine grundlegende Aufgabe verwiesen ist, die dringend gebotene Höherqualifizierung der Dozentenschaft.

Entstanden war die SHN aus dem Zusammenschluss der vormaligen Faculty of Social Sciences und der Faculty of Natural Sciences. Das Fächerspektrum schließt *Law, Geography, English, History, Ethics & Civics, Sociology* und *Afan Oromo* bei den Geisteswissenschaften und *Mathematics, Physics, Chemistry, Biology, Statistics* und *Health & Physical Education* bei den Naturwissenschaften ein. Die zunächst eigenwillig anmutende Kombination der genannten Disziplinen unter dem Dach *einer* Fakultät erschließt sich, wenn die konzeptionelle Ausrichtung der AU im Sinne einer University of Applied Sciences, also einer deutschen Fachhochschule, vor Augen gehalten wird: Die Einspeisung von Grundlagenwissen aus den Naturwissenschaften und den Geisteswissenschaften in die Studiengänge der übrigen Fakultäten stand Pate beim Zuschnitt der SHN.

Fasst man die wichtigsten Perspektiven für die Reform und Entwicklung der SHN zusammen, so ergaben sich vorrangig folgende Aufgaben für ein im Wesentlichen vom deutschen Gründungsdekan zu steuerndes *change management*:

- Entwicklung von *eigenständigen*, nicht ausschließlich an der Einspeisung von Grundlagenwissen in die Studiengänge der übrigen Fakultäten orientierten *Ausbildungsprofilen*. So stand in den geisteswissenschaftlichen Fächern zum Beispiel die Revision des lediglich auf die Ausbildung von Englischlehrern an Sekundarschulen ausgerichteten Curriculums in *English* an, wobei unter Einbeziehung des Arbeitsmarktes Englisch als Fachsprache für Techniker oder Medienberufe oder für Kulturwissenschaftler/innen in den Vordergrund rückte. Für letztere dürften sich allmählich Berufsfelder gerade angesichts des ethnisch basierten Föderalismus der äthiopischen Verfassung und der in der Regierungspraxis postulierten Zivilgesellschaft mit vorprogrammierten Konflikten entlang kultureller Diversifikation konturieren. In *Law* galt es, vor dem Hintergrund des, wenn auch nur schleppend sich herausbildenden privatwirtschaftlichen Sektors, insbesondere mit Blick auf die schnell wachsenden Dienstleistungen, Wirtschaftsrecht stärker im Curriculum zu verankern.
- Die Etablierung arbeitsteiliger und sachbezogener – also weitestgehend unabhängig von dominanten klientelistischen Strukturen funktionierender – *Gremien*, *Ämter* und *Ausschüsse* (u.a. Fakultätsrat, Studiendekan, Prüfungswesen, Praktika, Wahlen und Gruppenrepräsentanz).
- Die *Revision administrativer Verfahren*, vorrangig mit Blick auf die Einführung eines Globalhaushaltes anstelle der kameralistischen Haushaltsführung mit einhergehender Kosten-Leistungs-Rechnung, die Reform des Beschaffungswesens, und ganz allgemein und in einem umfassenden Sinne die Optimierung von Geschäftsprozessen sowie die Schaffung effizienter Verfahrenswege.
- Die Einrichtung weiterführender Studiengänge auf *Master*-Ebene in Kompatibilität mit dem *Europäischen Hochschulraum* und den Postulaten des *Bologna*-Prozesses; diese Ausrichtung war gewünscht mit Blick auf Aufbaustudiengänge, die an europäischen Hochschulen nachgesucht wurden.
- Die *Fort- und Weiterbildung zur Qualifizierung des Lehrkörpers* mit deutlicher Forschungskomponente.
- Die Anbindung an die *internationale Hochschullandschaft*, perspektivisch mit dem Ziel der Einwerbung von fachlicher Kompetenz in Form von Kurzzeitdozenturen für die Revision der Curricula, der Förderung des internationalen

Austausches auf Studierenden- und Dozenten-Ebene sowie der Partizipation an grenzüberschreitenden Programmen der Europäischen Kommission wie zum Beispiel dem auf Entwicklungsländer bezogenen *Erasmus Mundus External Cooperation Window*-Programm.

1.4 Zwischenbilanz

Die auf Planungsebene der zuständigen Ministerien und nachgeordneten Behörden sowie an der AU unter den Vorzeichen der Förderung industrieller Produktionsstrukturen im Land qua anwendungsorientierter Berufsqualifikation durchaus adäquat gestellten Anforderungen an das tertiäre Bildungssystem Äthiopiens hatten angesichts der mangelhaft bis ungenügenden Leistungsfähigkeit der vorhandenen Hochschuleinrichtungen zu einem Reformkonzept geführt. Diesem lagen Prämissen entwickelter Industriegesellschaften mit den ihnen inhärenten Werten und Verhaltensweisen zugrunde. Die komplexe Ausgangs- bzw. Gemengelage vor Ort entbehrte somit nicht einer starken Asymmetrie: Auf der einen Seite standen ein anspruchsvolles, die bodenständigen sozio-kulturellen Faktoren nicht expressis verbis berücksichtigendes Konzept, die von Subsistenzsicherung und Alimentierungsdenken gegenüber staatlichen Einrichtungen geprägte Mentalität der Belegschaft, tradierte Wertesysteme nebst hierarchisch-klientelistischen Strukturen in der Alltagskommunikation, in die Hochschulreform hineinragende politische Profilierung, eingedenk des stark defizitären Sekundarschulsektors flache Bildungs- und Wissensreserven, Ressourcenknappheit und starke „Verbürokratisierung" aller Vorgänge und Abläufe, die dem in Ermangelung einer Zivilgesellschaft etatistischen Erbe Äthiopiens geschuldet ist. Auf der anderen Seite wurden, konzeptionell weitgehend unvermittelt, *push-and-pull*-Effekte unterstellt, die sich aus ersten Anfangserfolgen zum Beispiel beim infrastrukturellen Ausbau ergeben sollten. Die Wirkungsspirale, d. h. die motivierende und mit Verstärkereffekten einhergehende Sogwirkung erster Erfolge galt in der entwicklungstheoretischen Debatte der letzten Jahrzehnte zeitweise durchaus als legitimer Ansatz. Ihm zugrunde lag die Sicht einer „unilinearen Evolutionsschiene", die „mit der Annahme verbunden wurde, *Entwicklung fremdsteuern zu können*" (Bliss 1997, S. 41). Dabei wurden im theoretischen Diskurs zwar bodenständige sozio-kulturelle Traditionen als hemmende Elemente qualifiziert und damit immerhin einbezogen, zugleich aber galt die Direktive, diese durch „noch mehr Kapital- und Know-how-Transfer einfach überrennen zu können" (Bliss 1997, S. 42). Die Grenzen eines solchen Ansatzes, insbesondere bei sich im Verlauf eines Projektes verändernden

Rahmenbedingungen, wie sie der Gründungspräsident der AU bilanzierend benennt, und die an anderer Stelle aufgegriffen werden, möchte die vorliegende Arbeit im weiteren Verlauf exemplarisch an der AU aufzeigen.

Im folgenden Kapitel soll zunächst, gleichsam als Exkurs, in historischer Perspektive eine Kontextualisierung der heute angestrebten Reformanstrengungen der äthiopischen Regierung im Bildungssektor gegeben werden. In weiten Teilen bilden die im Äthiopien nach der Jahrtausendwende unter dem Druck der Millenniumsziele der Vereinten Nationen und der Vorstellung von selbstbestimmter Entwicklung (vgl. den entwicklungspolitischen Begriff *project ownership*) forcierten Anstrengungen, angepasste Bildungsstrategien zu verfolgen, stellvertretend die Wirklichkeit vieler Entwicklungsländer ab.

2. Exkurs: Pädagogisches Erbe, Modernisierungsdoktrin und Bildungshilfe

2.1 Charakteristika der äthiopischen Bildungslandschaft nach 1941

Äthiopien zählt nicht zu den Ländern, denen eine koloniale Vergangenheit eigen ist, sieht man von der rund siebenjährigen italienischen Besatzungszeit ab. Die Zeitspanne von 1935/36 bis 1941 war zu kurz, um koloniale Strukturen auszuprägen, wie sie zum Beispiel für die Kolonien Frankreichs und Englands auf jeweils unterschiedliche Weise bezeichnend waren. Benito Mussolinis faschistische Vorstellung von einem *Africa Orientale Italiana* manifestierte sich in Äthiopien als brutale Kriegs- und militärische Besatzungszeit von vorübergehender Dauer, der die britischen Commonwealth-Truppen schließlich ein Ende setzten. Der äthiopische Historiker Bahru Zewdu bezeichnet sein Land als „largely unaffected by the modernizing effects of colonial rule [...] in many ways the most traditional of African societies [...]" (Zewde 2008, S. 254). Während in den französischen Kolonien ein Ansatz verfolgt wurde, der auf die „Assimilierung" der kolonisierten Bevölkerung ausgerichtet war, orientierte sich die britische Kolonialverwaltung in ihrer Bildungspolitik „auf die Verwirklichung zweier Prinzipien: der ‚adaptation' und der ‚trusteeship'. Gemeint war, dass der jeweilige kulturelle Lebenshorizont des Kolonisierten weitgehend ‚pädagogisch' zu berücksichtigen war [...] ohne ihn zum kolonialen Engländer zu machen; der ‚trustee' war der getreue, willfährige, ‚selbstständige' Vollzugsgehilfe des Kolonialherren [...] dessen Verhaltensweisen [er] imitativ übernahm, [aber] keineswegs [...] ‚assimiliert' wurde" (Laaser 1980, S. 3–4). Bildung stellte nicht ab auf die jeweiligen politischen und ökonomischen Entwicklungsbedürfnisse sondern diente primär als Katalysator für die Inbesitznahme privilegierter Stellen in der vorwiegend urbanen Kolonialbürokratie und nachkolonialen Bürokratie der neuen unabhängigen Staaten. U. Laaser führt aus, dass die Kolonialmächte ein „institutionelles Gefüge" zurückließen, das strukturell in großer Distanz zum „umgebenden Sozialgefüge" stand und der vorgefundenen traditionellen Sozialisation eine schulische entgegensetzte, deren Standards wie „Leistungsmotivation, Profitgesinnung, Individualismus, Aktivismus, Bedürfnisaufschub etc." den Weg postkolonialen Bildungsverständnisses mit einhergehender Bildungshilfe vorzeichneten (vgl. Laaser 1980, S. 4, 7).

Aber auch im nicht kolonialisierten Äthiopien verhielten sich die Dinge zum Teil nicht anders. In den Jahren 1941, d.h. seit der Befreiung Äthiopiens vom italienischen Faschismus, bis 1970, d.h. fast bis zum Ende der absoluten Herrschaft Kaiser Haile Selassies (1974), kam Bildung einer dünnen Schicht in den urbanen Zentren zu unter Vernachlässigung des ruralen Sektors; in diesem Sinne war Bildung elitär. Gleichwohl ist festzuhalten, dass die Zahlen der Schüler und Studierenden in zwei Jahrzehnten für äthiopische Verhältnisse insgesamt einen beachtlichen Anstieg verzeichnen: die Zahl der Grundschüler stieg von 100 000 im Jahr 1948 auf 400 000 im Jahr 1968; Sekundarschüler nahmen von 4000 auf 33 000 zu; im tertiären Bildungssektor gab es einen Zuwachs von 72 im Jahr 1950 auf 940 im Jahr 1960 und 4250 im Jahr 1968 (Del Boca 2012, S. 250).

Die systemstabilisierende Funktion von Bildung jener Zeit bringt Tekeste Negash treffend zum Ausdruck: „the Ethiopian education sector was undoubtedly influenced by two major ideas about what education is good for. The first one was the Emperor's conviction that modern education, preferably carried out by Lutheran missionaries, was an excellent strategy to educate and train citizens who respected the king, country and religion" (Negash 2006, S. 13). Insbesondere mit Blick auf die tertiäre Bildung bemerken Kritiker: „The education system that operated in Ethiopia during the 1941–1970 era was geared to the production of academic[s] who could best be entrusted with clerical tasks. […] the curriculum of Ethiopian schools was highly irrelevant to the historical experience and current socio-economic situation of the country." (Negash 2006, S. 14). Die landesweit einzige Universität in Addis Abeba umfasste im akademischen Jahr 1961/62 950 Studierende, davon waren 39 Frauen; 1970 belief sich die Gesamtbevölkerung Äthiopiens auf 30 Million (Negash 2006, S. 13). Eine nach internationalen Standards erfolgende universitäre Ausbildung blieb nur wenigen, ins Ausland entsandten Studierenden vorbehalten: 1959 hielten sich rund 500 an ausländischen Hochschulen auf, überwiegend in den USA und Großbritannien (Del Boca 2012, S. 369).[7] Der angeführte Zahlenspiegel dokumentiert im historischen Rückblick eine äußerst schwach ausgeprägte Bildungslandschaft, sowohl quantitativ als

---

7   Wenn Rückkehrer nach erfolgreichem Studienabschluss in den heimischen Staatsdienst eintraten, sahen sie sich häufig in jene Situation platziert, die D. N. Levine treffend als Ausdruck eines Strukturproblems hinsichtlich der Nutzung ihres Potentials beschreibt: "Technically uneducated superiors have tended to make unrealistic demands – for example, requesting an immediate report on a complicated question that requires weeks to prepare. On the other hand, they have tended to assume that their age and experience are equivalent to the technical knowledge of the foreign-trained" (Levine 1972, S. 201).

auch qualitativ. Es sei an dieser Stelle vorweggenommen, dass auch Jahrzehnte später und eingedenk beachtlicher Anstrengungen Äthiopien nach wie vor durch hohe Defizite in allen Segmenten der Bildung, gepaart mit immer noch gewaltigen Analphabetenraten, gekennzeichnet ist. Der Öffentliche Dienst im Kaiserreich galt als Aufnahmereservoir für Sekundarschul- und Hochschulabsolventen in einer ansonsten subsistenzwirtschaftlich geprägten Agrargesellschaft und einer kaum Arbeitsplätze schaffenden Industrieproduktion, die noch 1967 lediglich 2,5% des Bruttosozialproduktes ausmachte. Für das gleiche Jahr wird eine Analphabetenrate von 93% angeführt (Baqqala 1969, zitiert nach Del Boca 2012 S. 302). 1973 gelangte der Öffentliche Dienst im Angesicht der zunehmenden Zahl von Schulen und Absolventen an die Grenzen seiner Absorptionsfähigkeit: 25% der Sekundarschulabsolventen wurden in diesem Jahr als arbeitslos verzeichnet (Negash 2006, S. 15). Die in der Folge der entstandenen Asymmetrie in Angriff genommene Revision der Bildungspolitik jener Jahre mit deutlicher Akzentuierung der ländlichen Bevölkerung als Hauptzielgruppe für zukünftige zentrale Bildungsanstrengungen erreichte kaum mehr eine spürbare Umsetzung. 1974 wurde Kaiser Haile Selassie gestürzt, und an die Stelle der Monarchie trat das *Derg*-Regime mit formal republikanischer Verfassung und sozialistischer Ausrichtung. Einher gingen neue, ideologisch konforme Bildungskonzepte.

Nach 1974 bis zum Sturz des *Derg*-Regimes 1991 lag allen Planungskonzepten eine marxistisch-lenistische Ideologie zugrunde (Das Folgende in Anlehnung an Negash 2006, S. 18–21). Sie führte Anfang der 1980er Jahre zu einer konzeptionellen Neuausrichtung von Bildung auf allen Stufen. Die Förderung naturwissenschaftlicher und technischer Fächer rückte in den Vordergrund, und Forschung, wie rudimentär diese auch immer betrieben wurde, sollte im Einklang mit der Ausweitung der wirtschaftlichen Produktion stehen bzw. einen Zuwachs an Produktionsraten durch Bereitstellung von Fachkräften auf dem Arbeitsmarkt bewirken. Die Vorstellung des produktiven Staatsbürgers republikanisch-sozialistischer Gesinnung war Leitmotiv. Die verabschiedeten Curricula umfassten neue Schwerpunktsbereiche wie Landwirtschaft, Produktionstechnologie, Wirtschaftslehre, Hauswirtschaftskunde und für die ideologische Sozialisation Politische Bildung. Einmal abgesehen von der ideologischen Einfassung aller gesellschaftlichen Prozesse, wurden – zumindest als Absichtserklärung – systemisch jene Akzente gesetzt, die auch in der späteren Bildungspolitik der äthiopischen Bundesregierung unter Meles Zenawi ab 1994 ihren Stellenwert nicht nur beibehielten sondern, etwa mit Blick auf das ecbp-Programm, in die Verzahnung von Industrialisierungspolitik – Arbeitsmarktanforderung – Berufsqualifikation einmündeten. Was den bildungspolitischen Absichten in den siebziger Jahren möglicherweise prägende Erfolge beschert hätte, die Zuteilung entsprechender Ressourcen für die Förderung von Bildungseinrichtungen, konnte nicht geleistet werden, ein Manko, das allerdings den Bildungssektor über alle ideologischen Ausrichtungen der Monarchie, der Sozialistischen Republik und der Bundesrepublik Äthiopien hinweg wie ein roter Faden geblieben ist: „Although the rate of expansion of the education sector was uniform from the 1960s until towards the end of the 1980s, such expansion was carried out at the expense of the teaching and learning environment. Very few resources were made available for the recruitment of sufficient teachers so as to keep the pupil-teacher ratio in the range of 40 to 1" (Negash 2006, S. 21). Und an anderer Stelle heißt es hinsichtlich der beachtlichen Ausweitung der Einschulungs- und Beschulungsraten in der Bundesrepublik Äthiopien: „during the federal regime […] the decline of the quality of education due to the steep rise in pupil-teacher and pupil-section ratios. It is now a common feature for instance of a chemistry or history section at any public secondary school in Ethiopia to have between 75 and 85 students. Sections of up to 100 students each are by no means rare" (Negash 2006, S. 28).

Noch ein weiterer Aspekt bedarf in diesem Zusammenhang der Erwähnung. Mit der in jenen Jahren erfolgten Annährung Äthiopiens an den Ostblock, hauptsächlich an die Sowjetunion, die DDR und Kuba, einher ging die Abkehr vom Englischen als Unterrichtssprache, die Abwanderung muttersprachlicher Lehrkräfte und der Verlust entsprechender Sprachkompetenz. Geschuldet war die schulische Sprachenpolitik des kaiserlichen Äthiopiens nach 1941 wesentlich der Befreiung vom faschistischen Joch Italiens durch Großbritannien; erst 1963 ersetzte Amharisch die bis dato in Grundschulen geltende Unterrichtssprache Englisch, die somit rund zwei Jahrzehnte prägend in der Grundbildung verankert war. Dass in einem Vielvölkerstaat Englisch die Rolle des zentralen Mediums selbst für die Grundbildung zukam, erscheint problematisch, ist jedoch eingedenk der zentralistischen politischen Praxis des imperialen Regimes zunächst nachvollziehbar. Die Sprachenpolitik Äthiopiens in Anbetracht seines Charakters als Vielvölkerstaat, dessen bundesstaatliche Grenzen nach 1994 zudem primär nach ethnischen Kriterien gezogen waren, verdient eine besondere Würdigung, die nicht Gegenstand dieser Arbeit ist.[8] 1980 erwog das

---

8   Für eine erste Orientierung zur Sprachenproblematik sei auf Bahru Zewde (Zewde 2008, S. 86–92) verwiesen: "The major piece of legislation that established Amharic as the official language of the country was the Revised Constitution of 1955 […] In 1963, Amharic replaced English as the medium of instruction in primary schools. English had attained that position […] by virtue of the important role the British played in the liberation of Ethiopia from Fascist Italian rule and the predominant position that they had come to occupy in the country in the 1940s […] (S. 86). These policies and measures of the imperial regime arose from a centralist view of national integration and a corresponding

Bildungsministerium eine Zeitlang die Idee, Englisch in den ersten beiden Klassen des Sekundarschulbereichs, den Klassen 7 und 8, komplett durch Amharisch zu ersetzen; eine eingesetzte Untersuchungskommission empfahl jedoch 1983, zunächst eine umfassende Sprachenpolitik zu entwickeln, wodurch die Thematik im Schulbereich bis auf Weiteres vertagt war. Seit 1994 verfügt Äthiopien gemäß seiner Verfassung über keine offizielle Landessprache: Amharisch und Englisch gelten als Arbeitssprachen. Die im gleichen Jahr in Kraft getretene Bildungspolitik der Bundesrepublik Äthiopien sah die Einführung der jeweiligen ethnischen Sprache im Grundschulbereich vor. Damit galt fortan in den Klassen 1–6 die Muttersprache als Unterrichtssprache; ab den Klassen 7–8 war Englisch Unterrichtssprache, so wie im tertiären Bildungssektor ohnehin. Im historischen Rückblick war also der Exodus muttersprachlicher Lehrkräfte ein erster Grund für abnehmende Sprachkompetenz. Mit der Einführung der Muttersprache als Unterrichtssprache im Grundschulbereich

---

anxiety about the centrifugal tendencies latent in a heterogeneous state like Ethiopia [...] The regime's intolerance [...] towards such a relatively pacific expression of Oromo identity [...] The possibility that the other languages of the country needed to be forstered and encouraged was unthinkable in such a setting [...] The centralist assumptions of the imperial regime came to face [...] challenges in the 1960s and 70s. The first was the rise of regional and ethno-national consciousness [...] The regime responded to this challenge by permitting the use of the concerned languages in the media [...] The second challenge was from the increasingly radical student movement, which after 1970 came to adopt as a creed the Lenist principle of national self-determination (S. 87) [...] the disestablishment of Amharic could be said to have started in 1974, and not in 1991. An Oromo weekly, *Barissa*, came onto the scene, published (like all other papers) by the Ministry of Information. The Amharic Language Academy was renamed the Academy of Ethiopian Languages. Sitting for Amharic also ceased to be mandatory in the school-leaving certificate examinations. Most significantly, as a result both of UNESCO pressure and the Darg's own ideological leanings, literacy classes began to be given in the local vernaculars, although the script remained Amharic. Initially, concession was made to only the two other major languages, Oromo and Tegrenia [...] the Darg stopped short of using the vernaculars for primary education. Amharic remained the medium of instruction at that level (S. 88). Under the decentralized regime that has been in place since 1991, whilst Amharic remained the working language of the federal government, the linguistically based regions have been given the freedom of choosing their working language as well as the medium of instruction at the primary level. Most have opted for their own language. Amharic is taught only as a subject while English has retained its function as medium of instruction at the secondary (as well as tertiary) level" (S. 89). But Amharic remains the working language of the government as well as the medium of communication for much of the country's population. This reality, too, has to be recognized by ethno-nationalist groups [...]" (S. 92).

entstand allmählich jene Situation, die Tekeste Negash wie folgt beschreibt: „A recent PhD study on English reading skills in Ethiopian primary schools found out that students at the end of the second cycle of primary education can hardly read in English. Nevertheless, they are expected to continue their studies in English as English changes from a class subject to be the medium of instruction in secondary schools" (Negash 2006, S. 40). Für die Praxis des Schulalltags ergab sich daraus, dass in den ersten beiden Klassen des Sekundarbereichs nicht in Englisch, sondern ebenfalls in der jeweiligen Muttersprache unterrichtet wird. Hinzu kam, dass die Unterrichtsbücher im Sekundarbereich in englischer Sprache verfasst sind. Der Vollständigkeit halber sei angeführt, dass Englisch als Unterrichtssprache so wie jede Fremdsprache stets mehr ist als ein *reines*, kulturneutrales Medium für die Vermittlung von Unterrichtsstoff. Vielmehr handelt es sich um ein zur Geltung kommendes Wertesystem, dass den kulturellen Referenzbereich der Herkunftskultur, hier Äthiopien, überlagert, mitunter im Prozess der Sozialisation gänzlich ersetzt und Verfremdungseffekte bedingen kann. Die Förderung regionaler Sprachen, primär im Sinne ihrer Einführung als Unterrichtssprache, ist auch vor diesem Hintergrund zu bewerten und kann nicht auf einen Diskurs über den Wert fremdsprachlicher Kompetenz und die Frage des verfügbaren Unterrichtsmaterials begrenzt bleiben.

Mitte der achtziger Jahre wurde deutlich, dass auf technischen und handwerklichen Gebieten qualifizierte Fachkräfte nicht im hinreichenden Maße vom Arbeitsmarkt nachgefragt wurden, was der nur sehr langsam wachsenden industriellen Produktion geschuldet war. Im industriellen Sektor nahm die Zahl der Arbeitskräfte zwischen 1978 bis 1984 von 63 000 auf 80 000 zu, d. h. in 7 Jahren kamen nicht mehr als 17 000 Stellen hinzu. Aber auch noch 1990 absorbierte das gesamte produzierende Gewerbe nicht mehr als 100 000 Arbeitskräfte bei einer 30 Millionen Bevölkerung (Negash 2006, S. 20). Äthiopien gilt auch jenseits der Jahrtausendwende weiterhin als Agrargesellschaft, in der über 85% der Bevölkerung ihre Subsistenz oder ihren Erwerb im Agrarsektor bestreiten. Kurzum, jenseits der jeweiligen politisch-ideologischen Ausrichtung der in den letzten Jahrzehnten sich abwechselnden Regierungen blieb unverändert die übergreifende Herausforderung bestehen, Wachstum im industriellen Sektor[9] zu generieren als Grundvoraussetzung für jedwede angepasste

---

9 Die von U. Laaser 1980 mit Blick auf die ambitionierten Prospektionen zur Industrialisierung vieler Entwicklungsländer getroffene Feststellung, erscheint sich weitestgehend als zutreffend erwiesen zu haben: „das die Zukunft der meisten Drittweltländern auf lange Zukunft hinaus mit Sicherheit durch agrarische Erzeugung bestimmt sein wird […] würde es auch unter den optimistischen Annahmen geringen Bevölkerungszuwachses […], eines sehr hohen Kapitalkoeffizienten industrieller

Bildungsstrategie, die einen Rückfall etwa hin zu einem – in früheren Zeiten einer meist adligen Oberschicht vorbehaltenen – klassisch-humanistischen Bildungskanon für verwaltende Tätigkeiten in einem aufgeblähten staatlichen Verwaltungssektor vermeiden will. Ob die in Äthiopien bislang eher schleppend vonstatten gegangene Überführung staatlicher Betriebe in privatrechtliche Strukturen beschleunigt werden kann, bleibt abzuwarten. Angesichts des hohen Bevölkerungswachstums und der steigenden Zahl der jährlichen Absolventen aus allen Schulsektoren, nicht zuletzt natürlich auch als Kehrseite höherer Einschulungs- und Verweildauerraten, mutet die Herausforderung gewaltig an. Man mag dem in gewisser Weise entgegenhalten wollen, dass eingedenk der hohen *Dropout*-Raten im schulischen Sektor die Beschleunigungseffekte moderater ausfallen dürften: Nach Angaben der Weltbank schlossen 2011 nur rund 60% der schulpflichtigen Population die vierjährige Grundschulbildung ab und nur 8% der Sekundarschulabsolventen traten in den tertiären Bildungssektor ein. (World Bank 2011). Eine solche Sicht entbehrte jedoch im doppelten Sinne nicht eines gewissen Zynismus: zum einen erscheinen auch die vorzeitig aus dem schulischen Bereich Ausgetretenen auf Arbeitsmärkten, ob formeller oder informeller Art. Zum anderen nimmt die Zahl der Einschreibungen und damit auch der Absolventen in absoluten Zahlen zu[10] bei zugleich nicht Schritt haltender Entwicklung auf dem formellen Arbeitsmarkt im industriellen Sektor. Mehr oder weniger informelle Kleinstbetriebe im Dienstleistungssektor wie *Copy Shops*, die zum Beispiel Schulabbrechern Einnahmequellen als Selbstständige eröffnen, können bei zunehmender Marktsättigung nur vorübergehend puffernde Wirkung entfalten.

2.2 Zur aktuellen Hochschulpolitik Äthiopiens

Das föderale System, das nach 1994 zur Wirkung kam, förderte zu weiten Teilen die Regionalisierung bildungspolitischer Entscheidungen. Neben der erwähnten Auswirkung für die Unterrichtssprache sind die seitdem zu verzeichnenden erhöhten Einschulungsraten Ergebnis bundesstaatlicher Zuständigkeit. Derjenige Sektor

---

Investitionen […] volle 108 Jahre dauern, bis das durchschnittliche Drittweltland eine ‚moderne' Beschäftigungsstruktur – mit einem Anteil von 20% landwirtschaftlich und 80% im modernen Sektor Erwerbstätiger – [aufweist, m. Anm.] Lebens- und Zukunftschancen der Dritten Welt liegen daher in Ausweitung und Diversifizierung agrarischer Produktion vornehmlich für einen differenzierten Binnenmarkt." (Laaser 1980, S. 66).

10 Tekeste Negash führt die folgenden Zahlen für stetig gestiegene Einschreibungsraten im tertiären Bildungssektor an: 1973/4: 6 474; 1990/1: 18 000; 2002/3: 147 954 (Negash 2006, S. 19).

jedoch, der die höchsten Zuwächse zu verzeichnen hat, ist der tertiäre. Eine Reihe von Hochschulen wurden landesweit neu errichtet (vgl. das erwähnte *University Capacity Building Program*), um dezentral weiterführende Bildungsmöglichkeiten im Einklang mit der Profilierung der einzelnen Bundesstaaten zu gewährleisten und insgesamt eine Verbesserung der regionalen Infrastruktur zu erreichen. Um die Jahrtausendwende, also ungefähr zum Zeitpunkt der Verabschiedung der Milleniumsziele der Vereinten Nationen, die sich Äthiopien zu eigen machte, belief sich die Zahl der staatlichen Universitäten auf lediglich zwei; zehn Jahre später waren 22 registriert, und 10 weitere befanden sich in der Planung, wie die Tageszeitung *The Ethiopian Herald* am 16. Oktober 2010 erwähnte. Hinzu kommen 30 Pädagogische Hochschulen. Der *UNESCO Science Report 2010* führt an, dass Äthiopien 5,5% des Bruttoinlandsproduktes für Bildung ausgibt – eine Zahl, mit der als Orientierungsgröße bekanntlich mancher westliche Industriestaat im eigenen Land Mühe hat. 39% der Bildungsausgaben in Äthiopien fliessen in den tertiären Bildungssektor. Freilich sollte angesichts dieser zunächst positiv stimmenden Zahl der im absoluten Vergleich erschreckende Stand der Unterversorgung mit tertiär ausgebildeten Fachkräften im Land nicht in Vergessenheit geraten: der UNESCO-Bericht führt an, dass statistisch pro 1 Million Einwohner lediglich 12 Techniker zur Verfügung stehen.

Bezeichnend für die Ausweitung des tertiären Bildungssektors ist auch die Zunahme privater Einrichtungen, deren Zahl 2004 37 betrug und an denen im genannten Jahr 35 000 Studierende eingeschriebenen waren. Bemerkenswert ist zudem, dass die Zahl weiblicher Studierender mit rund 50% weitaus höher liegt als an staatlichen Einrichtungen, an denen der Frauenanteil unter den Studierenden sich auf rund 20% beläuft (Tekeste Negash, 2006, S. 23).

In der jüngsten Zeit ragen zwei entwicklungspolitisch und bildungspolitisch maßgebende Dokumente zentralstaatlicher Planung hervor: Der 2010 vom äthiopischen Bundesministerium für Finanzen und Wirtschaftliche Entwicklung veröffentlichte *Growth and Transformation Plan* (GTP), der für einen Fünfjahres-Zeitraum (2010–2015) entwicklungspolitische Leitlinien festlegt. Der GTP verweist auf die Prioritäten für den eng mit dem angestrebten wirtschaftlichen Wachstum, vor allem im bislang bestenfalls keimenden industriellen Sektor, verzahnten tertiären Bildungssektor. Daneben steht der vom Bundesministerium für Bildung im gleichen Jahr bekannt gegebene und für den gleichen Zeitraum die bildungspolitische Ausrichtung des tertiären Sektors konturierende *Higher Education Development Plan* (HEDP).

Der GTP sieht einen Anstieg der Studierendenzahl von 185 788 im akademischen Jahr 2009/10 auf 467 000 für 2014/15 vor und fordert die Erhöhung der

Einschreibungsraten in naturwissenschaftlichen und technischen Fächern. Des Weiteren werden die Reform der Steuerungskapazitäten und der Verwaltungen an den Universitäten avisiert und die Planungs- und Monitoring-Funktionen des erst in den zurückliegenden Jahren auf zentraler Ebene in Addis Abeba geschaffenen *Higher Education Strategic Center* und der *Higher Education Quality Assurance Agency* festgeschrieben (The Federal Democratic Republic of Ethiopia, Ministry of Finance and Economic Development 2010, S. 15, 51, 7).

Der GTP benennt zentrale Probleme des tertiären Bildungssektor – mangelnde Planungs- Kontroll-, Steuerungs- und Verwaltungskapazitäten –, die der ehrgeizigen Ausweitung des Sektors entlang einer knapp bemessenen Zeitachse entgegenwirken. Ob eingedenk der benötigten finanziellen Ressourcen für den infrastrukturellen Ausbau der Einrichtungen die nahezu dramatisch anmutende Erhöhung der Studierendenzahl um über 150% innerhalb von fünf Jahren erreicht werden und ob mit Blick auf den skizzierten schwachen Unterbau im Sekundarschulbereich die Sicherung dringend benötigter Qualitätsstandards einhergehen kann, bleibt ungewiss. Kritische Stimmen wie die von Bahru Zewde charakterisieren rückblickend selbst die führende Universität des Landes, die Addis Abeba University, als „a laboratory für half-baked pedagogical interventions that put the premium on quantity rather than quality" (Zewde 2008, S. 361). Die Gefahr, unter dem Diktat zeitnah zu erreichender Fortschritte in der Industrialisierungspolitik des Landes und der steigenden Zahl von Sekundarschulabsolventen allzu ehrgeizigen Entwicklungsplänen zuzusprechen, ist nicht von der Hand zu weisen. Dennoch verdient die in weiten Teilen erkennbare Analyse der Probleme des tertiären Bildungssektors, die in Kurzform im GTP ihren Niederschlag findet, Zustimmung. Im HEDP wird flankierend zum GTP auf Mikroebene eine Reihe zentraler Probleme wie die Verletzung der Dienstpflicht der Dozentenschaft durch Wahrnehmung von Nebenverdienstmöglichkeiten unter Vernachlässigung der Lehre und die mangelnde demokratische, stattdessen klientelistisch geprägte Institutionenkultur thematisiert und ein im Einklang mit den quantitativen Perspektiven des GTP stehendes und ebenso ehrgeiziges Dozentenausbildungs- und Fortbildungsprogramm statistisch abgebildet: „Our governing goal is to build the capacity of teachers that would amount up to 23 000 [...] in 2010/11–2014/15, 75% of this power shall be 2nd Degree holders [d.h.: Master-Degree holders, m. Anm.] and shall teach in primarily undergraduate programs. The remaining 25% shall be PhD holders and shall train postgraduate level [...]" (The Federal Democratic Republic of Ethiopia, Ministry of Education 2010a, S. 12).

Bei aller Skepsis hinsichtlich der ambitioniert anmutenden Entwicklungsperspektiven für den tertiären Bildungssektor erscheint es angezeigt, den Stand des höheren Bildungswesens in Äthiopien ins rechte Licht zu rücken. Zweifelsfrei lässt sich kein, auch nur annähernder Vergleich mit westlichen Standards sinnvoll herbeiführen; die Asymmetrien überwiegen zu stark. Sowohl das akademische Niveau als auch die institutionellen Organisations- und Managementformen erfüllen kaum Minimalanforderungen bei zudem schwankender Verlässlichkeit. Eine Sicht, die sich auf diese Feststellung kaprizierte, würde jedoch verkennen, dass das höhere Bildungswesen im zurückliegenden Jahrzehnt einer entschlossenen Anstrengung unterzogen wurde, einen infrastrukturellen, fachlich-inhaltlichen und auch methodisch-didaktischen Fortschritt zu erreichen.

Positiv zu Buche schlagen vor allem:

- der *massive Ausbau des Hochschulsektors*, der sich primär im Aufbau von Hochschulen in allen Regionen zur Minderung regionaler und sozialer Disparitäten spiegelt.
- die *Einrichtung staatlicher Stellen zur Strategieplanung, Curricula-Revision, Verbesserung didaktischen Knowhows und zur Qualitätssicherung.* Hier ist die erwähnte, im Jahre 2003 eingerichtete *Higher Education Relevance and Quality Agency* (HERQA) zu nennen, der eine zentrale Rolle bei der Qualitätsfortschreibung sowohl des staatlichen als auch des sehr gewachsenen privaten Bildungsmarktes (derzeit etwa 60 Einrichtungen) zukommt. HERQA ist unter anderem zuständig für die Akkreditierung von Studiengängen und -programmen tertiärer Bildung, die externe Evaluierung von Bildungsinstitutionen, konsultative und Training-Workshops für an der Bildungsreform Beteiligte sowie *Benchmarking*. So zum Beispiel fordert HERQA gleichsam als Standardauflage Qualitätssicherungspolitiken von den Bildungsanbietern ein.
- die Verabschiedung der neuen *Higher Education Proclamation* im September 2009, die den Hochschulen eine deutliche Autonomie zuschreibt und somit vielen institutionsinternen Reformprozessen, wie die Abschaffung der kameralistischen Haushaltsführung bzw. die Einführung von Globalhaushalten (*block grants*) mit Kostenstellenbewirtschaftung, den rechtlichen Rahmen lieferte.
- Bemühungen zum *Abbau kultureller und sozialer Hindernisse für Frauenbildung*. Es heißt, dass Frauen nur 15% der Hochschulpopulation ausmachen, wobei diese Zahl noch keine Auskunft zu den überkommenen traditionellen Rollenzuweisungen erteilt, die die Artikulation im öffentlichen Raum, Interaktionsformen in der akademischen Campusgemeinschaft sowie eine Debattenkultur auf Augenhöhe mit dem anderen Geschlecht behindern. *Affirmative Action*-Programme der *Gender Offices* an vielen Universitäten nehmen sich zunehmend dieser Aufgabe an. Bekanntlich führt gerade die

Bildung von Frauen zu erfolgreicheren Veränderungen im Sozialverhalten und in der mentalen Disposition.
- die *Verteilung von Studierenden unterschiedlicher ethnischer Herkunft* auf alle Hochschulen im Lande, um regional ethnische *Cluster*-Bildungen zu vermeiden und langfristig zu einer als „äthiopisch" definierten Identität zumindest der Eliten beizutragen. Man mag argumentieren, dass diese Maßnahme konträr zu den verfassungsmäßig überwiegend entlang ethnischer Konzentrationen gezogenen politischen Grenzen der föderalen Bundesstaaten verläuft. Dies schließt aber eben nicht ein, dass Mobilität im Ausbildungs- und anderen Sektor territorial begrenzt bleiben müsse. Zudem hat die Tatsache, dass Identität subjektiv noch überwiegend als Zugehörigkeit zu einer Ethnie und Religionsgemeinschaft wahrgenommen wird und nur bedingt im Sinne einer übergreifenden Identifikation mit dem Gesamtstaat, sicherlich dazu beigetragen, dass staatliche Planung in einem Vielvölkerstaat Maßnahmen zur Diffusion im tertiären Bildungssektor ergreift.

Negativ zu Buche schlagen vor allem:

- die *minderwertige Ausbildung des Hochschulpersonals in der Lehre und der Forschung*; letztere findet überwiegend nicht in einem qualitativ und quantitativ ernst zu nehmenden Maße statt. Maßnahmen sind auf staatlicher Ebene in Form von anspruchsvollen Planungen und zahlenmäßigen Vorgaben zur Höherqualifizierung konturiert. Allerdings lassen sich diesbezügliche Ziele mit den vorfindbaren Strukturen im Land kaum erreichen; und für eine Entsendung von Kandidaten in den internationalen Raum zwecks Erwerbs eines höherwertigen Abschlusses fehlen die Mittel und die verlässliche Bereitschaft, nach Äthiopien zurückzukehren; der *brain drain* wäre wohl enorm bei einer *open door*-Politik. Es existieren interessante Ansätze zu einer *in situ*-Qualifizierung, etwa am *Addis Ababa Postgraduate Center* in Akaki, auf halber Strecke nach Adama gelegen, wo in zunehmenden Maße ausländische Dozenten Blockkurse für *Master*- und *PhD*-Anwärter im Rahmen von Kurzzeitaufenthalten durchführen. Der akademische Grad wird im *Sandwich*-Verfahren oder allein durch die Addis Ababa University verliehen. Die Universität Adama plant, weitere Doktorgrade einzuführen; zu diesem Zweck werden Erst- oder Zweitgutachter aus dem Ausland eingeworben.
- *ineffiziente bzw. inkompetente Hochschulverwaltungsapparate*, die allzu häufig die Selbstperpetuierung ihres zahlenmäßig nicht unbedeutenden Umfanges für bedeutsam erachten; eine Stelle im Öffentlichen Dienst gilt als Versorgungseinrichtung, die Pfründe für Nebenerwerbsmöglichkeiten eröffnet. Solange die

Mehrheit der in diesem Sektor Beschäftigten mit den staatlichen Gehaltskalen kaum ihre Subsistenz sicherstellen kann, werden Begriffe wie Leistung oder Effizienz nicht nach westlichen Parametern definiert; im Vordergrund steht vielmehr der Erwerb zusätzlichen Einkommens. In der Praxis gab sich dieser Zusammenhang auf dem Campus in Adama häufig so zu erkennen, dass die mitunter lebhaftesten Debatten über die Vergütungssätze für über das reguläre Deputat hinausreichende Mehrarbeit geführt wurden. Zugleich war vielfach ein Bestreben der Dozentenschaft feststellbar, Mehrarbeit durch Unterteilung von Kursen oder durch Ausdehnung der Unterrichtszeit in die Semesterferien hinein, herbei zu führen.
- *Schwergängige Geschäftsprozesse* in den Hochschulen und anderswo im Öffentlichen Dienst wie etwa im Beschaffungswesen und dessen Abwicklung besonders im internationalen, die Bereitstellung von knappen Devisen voraussetzenden Verkehr. Die Schwergängigkeit erklärt sich auch aus der stark verbreiteten Korruption, die zu unterbinden, staatliche Stellen mit Hilfe von Kontrollmechanismen bemüht sind; diese wiederum behindern zumindest in der Tendenz eine zeitnahe Abwicklung von anstehenden Geschäftsprozessen.
- *unzureichende und unsichere Budgetzuweisungen* an die Hochschulen, die dem anvisierten strukturellen Ausbau des Hochschulsektors abträglich sind.
- *staatlicherseits erfolgende Studierendenzuweisungen*, die zahlenmäßig in einem Missverhältnis zu den Kapazitäten der einzelnen Hochschulen vor Ort stehen. Ursprünglich sollte, insbesondere an einer Modellhochschule wie in Adama, die Auswahl der Studierenden durch die Einrichtungen selbst erfolgen. Dem steht, in gewissem Grade verständlich, die staatliche Vorsorgeplanung zur Unterbringung zahlenmäßig starker Absolventen-Jahrgänge von Sekundarschulen im Wege.

2.3 Modernisierungsdoktrin und Kulturrelativismus

Die im Wesentlichen in den ersten Jahrzehnten nach dem Zweiten Weltkrieg sich vollziehende Dekolonisation bewirkte in der sogenannten Dritten Welt zunehmend die Übertragung jenes Kontextes, den J. Habermas die Etablierung von Technik und Wissenschaft als Ideologie bzw. als säkularer Mythos nennt (vgl. J. Habermas 1968), der mythische, religiöse und metaphysische Legitimationsmuster ersetzte. Was in den Zentren der industriellen Produktion in der nördlichen Hemisphäre weitestgehend vollzogen war, die Entfaltung zweckrational organisierter gesellschaftlicher Systeme und Subsysteme, wurde im Zuge der Modernisierungsdoktrin zum Paradigma für Entwicklung in den Ländern der südlichen Peripherie. Die in jener Epoche verstärkt einsetzende Entwicklungszusammenarbeit stand im Zeichen einer induzierten *nachholenden* Entwicklung, wobei *Unterentwicklung* als frühes Stadium von *Entwicklung* galt. Und der Modernisierungsdebatte lag konzeptionell die Vorstellung von einer unilinearen Evolutionsschiene westlicher Provenienz zugrunde (vgl. Bliss 1997, S. 41). Das Dogma der Machbarkeit wurde begleitet von der Prämisse, Entwicklung universal, über kulturelle Inkompatibilitäten hinweg nach *quantitativen* Messkriterien bestimmen zu können. Man mag unmittelbar einwenden, dass es für die Bildungsplanung naheliegend ist, die Nachfrage nach künftigen beruflichen Qualifikationen durch Erhebungen zu prognostizieren und darauf den Arbeitskräftebedarf im Spiegel avisierter wirtschaftlicher Entwicklungen, etwa im industriellen Sektor, zu modellieren. Jedoch wäre nach den sozio-kulturellen bzw. sozialpsychologischen Voraussetzungen für den viel beschworenen *Take Off* in die Moderne zu fragen, was eher einer *qualitativen* Betrachtungsweise entspräche. Eine lineare Korrelation von Bildung und ökonomischem Fortschritt ist ohnehin grundsätzlich problematisch; eine gradlinige Entsprechung zwischen Zuwächsen beim Bruttosozialprodukt und dem Stand der Bildungsentwicklung kann nicht unterstellt werden. Der Zusammenhang ist komplexer und von länder- und kulturspezifischen Faktoren abhängig.

Bildungs*hilfe* im Rahmen von Entwicklungspolitik sollte all jene Maßnahmen abdecken, die „der strukturellen, personellen und materiellen Förderung von Bildung, Erziehung, Ausbildung, Wissenschaft, Technologie und Kultur im weiteren Sinne dienlich sind" (Laaser 1980, S. 37). Im engeren Sinne und einhergehend mit der Modernisierungsdoktrin wurde dem Bildungssystem in den Entwicklungsländern eher die Funktion eines Transmissionsriemens zugedacht, für die Entfaltung der Produktivkräfte, für ökonomisches Wachstum und die Ausweitung und Differenzierung von zweckrational organisierten institutionellen Subsystemen im Rahmen der planerischen Anstrengungen zum *institution building* bzw. *nation building*.

Die Modernisierungs- und Wachstumstheorien der zurückliegenden Jahrzehnte haben ihre Wurzeln im westlichen, in der Folge der wissenschaftlichen Erkenntnisse und technischen Neuerungen der Industriellen Revolution im 19. Jahrhundert sich manifestierenden Evolutionsdenken, dem ein teleologischer Geschichts- und gesellschaftlicher Fortschrittsgedanke eigen ist. Herbert Spencer, der als einer der Begründer der modernen Soziologie gilt, förderte im Zuge der Ausformulierung seiner *synthetischen Philosophie* (vgl. Spencer 1887, Spencer 1996) die Auffassung, dass aller Wirklichkeit und Entwicklung ein unilinear ausgerichtetes Prinzip innewohne. Die Vorstellung von der Überlegenheit der modernen Industriegesellschaft wurde in der Sicht auf andere Völker bestimmend und förderte ethnozentrische Beurteilungsmuster. Das definierte Ziel am Endpunkt von Entwicklung beinhaltet die moderne, rationale, säkularisierte und arbeitsteilige Gesellschaft und gibt somit die Perspektive eines unilateralen Ethnozentrismus okzidentaler Prägung vor. W. v. d. Ohe bemerkt: „Kennzeichnend für diesen Entwicklungsbegriff ist außerdem der Hang zur Dichotomisierung, d.h. als idealtypische Extrempunkte [...] werden ‚Tradition' und ‚Modernität' angenommen [...] Modernität meint in diesem Sinne einen psychosozialen Komplex der Verinnerlichung von Werten und Verhaltensmustern. Deren Schlüsselbegriffe sind Rationalität und Säkularisierung, Mobilisierung und Partizipation" (v. d. Ohe 1982, S. 36); man mag ergänzend hinzufügen: Leistungsmotivation, Sublimierung, und Gewinnstreben. Dass ein solcher Kanon von Sekundärtugenden der westlichen Industriekultur allerorts weder vorausgesetzt werden kann noch linear übertragbar ist, kann am Beispiel der Reformbemühungen an der Adama Universität exemplarisch aufgezeigt werden. Traditionelle Kulturelemente galten als Hemmfaktoren für den modernistisch definierten *Take Off*. Effektivitätskriterien, die Sozialisation in wissenschaftlich-technischem Denken und planrationale Verfahren bestimmten die konzeptionelle Ebene der Entwicklungsplanung.

Die Sicht der Modernisierungsdoktrin kann in der Retrospektive insofern als innovativ gelten, als sie bezüglich ihrer bildungspolitischen Implikationen im Gegensatz stand zur tradierten, berufsfernen Eliten-Ausbildung, die nicht nur in der kolonialen Vergangenheit in aller Regel eine nicht ausbildungsadäquate, verwaltende Beschäftigung im Öffentlichen Dienst mit sich brachte, wie in Äthiopien am Beispiel der Regierungszeit Kaiser Haile Selassies deutlich wurde. Ferner bezog die Doktrin, zumindest implizit, die Erkenntnis ein, dass die breite, fachlich qualifizierte Mittelschicht von Technikern, Facharbeitern, Kaufleuten und Verwaltungsexperten in den Industrienationen der nördlichen Hemisphäre, die historisch den Wandel von Feudal- in Industriekapital transportierte, als gesellschaftliche Gruppe in Entwicklungsländern nicht ausgeprägt bzw. als wirtschaftliches Potential nicht vorhanden war.

Die im Sinne der Modernisierungsdoktrin erfolgende perspektivische Neuausrichtung der Bildungsplanung in Entwicklungsländern brachte jedoch trotz der Abwendung von der tradierten Eliten-Ausbildung und der Kopplung mit der ökonomischen Entwicklung keinesfalls unmittelbar angepasste Implementierungsstrategien hervor. U. Laaser merkt an, „dass auf allen Qualifikationsstufen am wirtschaftlichen, politischen und sozio-kulturellen Bedarf der jungen Nationen vorbei produziert wurde und deren *spezifische kulturellen Bedingungen* [m. Herv.] curricular gänzlich unberücksichtigt geblieben waren" (Laaser 1980, S. 33). Dies liegt zum einen darin begründet, dass erst mit erheblicher

Verzögerung jene Konzepte ihren Niederschlag in der Bildungshilfe fanden, die von der OECD im Rahmen ihres Ansatzes zur *Recurrent Education* ihren Mitgliedsstaaten empfohlen wurden (Das Folgende nach Laaser 1980, S. 36): flexible berufsbildende Laufbahnformen, horizontale Durchlässigkeit zwischen den einzelnen Bildungssträngen, vorberuflicher Blockunterricht, *Sandwich-Kurse* innerhalb von Berufstätigkeit sowie technische Sekundarbildung (vgl. am Beispiel Großbritanniens: OECD/CERI 1974, S. 5–27). Der viel später, zum Beispiel im ecbp-Konzept in Äthiopien, zur Geltung kommende, differenzierte Ansatz, eine stärkere Ausrichtung des allgemeinbildenden Sekundarschulwesens auf *Technical Vocation Schools* vorzusehen, geht konform mit den Vorstellungen der OECD, an die Bedarfe vor Ort angepasste Bildungsmodelle mit berufsbegleitender Fort- und Weiterbildung zum Beispiel im technischen Ausbildungssektor tätiger pädagogischer Fachkräfte zu betonen. So wurden am Further Training Institute der Adama University Berufschullehrern in Intervallen in Form von Auffrischungskursen unter anderem *Skills* bzw. methodisch-didaktische Kompetenzen vermittelt und damit indirekt der Vorstellung der OECD zum lebenslangen Lernen im Kontext sich verändernder Anforderungen entsprochen. Zum anderen setzte sich erst spät die Erkenntnis durch, dass Entwicklung und Modernisierung nicht wertfrei oder neutral geschehen, sondern jeweils in einem spezifischen Kontext wertorientierten Zieldenkens stattfinden. Demzufolge kam sozio-kulturellen Faktoren im entwicklungspolitischen Diskurs erst allmählich konstitutive Bedeutung zu. Das BMZ verabschiedete in diesem Sinne 1992, am Ende eines langen Diskussionsprozesses, ausgehend von einem Referentenentwurf 1985 und einer Erprobungsphase zwischen 1988 und 1991, schließlich ein Rahmenkonzept, das aufgrund der konstatierten unzureichenden Nachhaltigkeit von Projekten sozio-kulturelle Kriterien in die Entwicklungszusammenarbeit einführte. An anderer Stelle soll ausführlicher darauf eingegangen werden.

Der Erwähnung bedarf, dass die aufgrund mangelnder Nachhaltigkeit und defizitärer Anpassung vieler Projekte an die Gegebenheiten vor Ort geäußerte Kritik keinesfalls exklusiv auf Geberseite in Strategiedebatten einmündete, sondern auch auf der Seite der Empfänger eigenständige Reaktionen zeitigte. Am Ende der zweiten Entwicklungsdekade umfasste in den Industriestaaten die Generalkritik an der geleisteten Entwicklungshilfe auch eine in weiten Teilen als Kapitalismuskritik ausgerichtete Bewertung der Bildungshilfe, die im Wesentlichen als Instrument zur Eingliederung der Ökonomien der Entwicklungsländer in das weltwirtschaftlich etablierte System von Warentausch und Arbeitsteilung zum Zwecke der Profitmaximierung begriffen wurde (vgl. Galtung 1978, S. 551). Aus heutiger Sicht,

d. h. am Ende der historischen Epoche großer Ideologiebildung und angesichts der vorangeschrittenen Globalisierung und Vernetzung unterschiedlichster Gesellschafts- und Entwicklungsstufen erscheinen solche Theorien als obsolet, gleichwohl sie im Kern ungelöste Fragenkomplexe weiterhin zurecht apostrophieren. Entgegengesetzt wurde die Vorstellung von einer kritischen Erziehungstheorie, die „die Analyse pädagogisch vermittelter Herrschaftsverhältnisse und die Aufhebung von Verdinglichung, Entfremdung […] Kapitalakkumulation, Klassengesellschaft und Privateigentum" forderte (Laaser 1980, S. 55). Die Gegenentwürfe von Erich Fromm, Paulo Freire, Frantz Fanon und Ivan Illich reihen sich in diesen Kontext ein. In Entwicklungsländern nahm die Kritik an Entwicklungshilfe vielfach und bis heute mit unterschiedlicher Akzentuierung andauernd (vgl. aktuell islamisch-fundamentalistische und islamistische Tendenzen) auch die Form einer kulturellen Rückbesinnung an. Diese stilisierte sich zum Beispiel im frankophonen Afrika zur *Negritude* im Sinne einer „nationalen Entwicklungs- und Erziehungsphilosophie" (Laaser 1980, S. 57) oder brachte die Anbindung an bodenständige kultureigene Bildungstraditionen (vgl. Renaissance der Koranschulen) mit sich.

Anfang des 20. Jahrhunderts prägte sich in bewusster Abgrenzung zum Evolutionismus und hauptsächlich in den USA der Kulturrelativismus aus (Das Folgende zum Teil in Anlehnung an Bliss 1997, S. 185–190). Dies geschah in enger Verbindung mit der Entstehung der *Cultural Anthropology* als universitäre Disziplin und der *Social Anthropology* in Großbritannien. Mit Blick auf den Evolutionismus lässt sich dieser Vorstoß der anglo-amerikanischen Anthropologie zur Differenzierung zwischen Eigen- und Fremdkultur als eine humanistische, gegen den Sozialdarwinismus gerichtete Reaktion charakterisieren, mit dem evolutionistisches Denken in Verbindung gebracht wurde. Evolutionsbezogene Wissensbestände wurden als rein ethnographisch, vielfach auf Aufzeichnungen von Missionaren und Reisenden beruhend, und für die fortan im Vordergrund stehende *funktionalistische* und *strukturalistische* Erfassung fremder Gesellschaftsformationen als ungenügend aufgefasst. Die kulturelle Krisen- und Aufbruchsphase der späten 60er Jahre förderte eine relativierende Herangehensweise in der Erforschung fremder Kulturen, deren Strukturen und Funktionsweisen fortan eher als endogenes Referenzsystem zur Erforschung anstanden.

Der Gegensatz zwischen kulturrelativistischen und evolutionistischen Theorien, wie er sich in den vergleichenden Kultur- und Sozialwissenschaften niederschlägt, prägte auch die interne Diskussion im BMZ angesichts der Kritik an der mangelnden Nachhaltigkeit vieler Entwicklungsprojekte und bewirkte eine Reihe von Auftragsforschungen[11] im Vorfeld und zur Begleitung der Verabschiedung

---

11 Vgl.: v. d. Ohe 1982; Müller 1990; Bliss 1997.

des erwähnten BMZ-Rahmenkonzeptes zur Berücksichtigung sozio-kultureller Faktoren, denen determinierende Bedeutung zuerkannt wurde. Implizit bedeutete dies zumindest eine Relativierung rein ökonomistischer, unilinear auf nachholende Entwicklung setzender Strategien, die wesentlich auf wirtschaftliches Wachstum und effiziente Bürokratisierung abstellten. Quantifizierenden Parametern zur Erfolgsmessung wurden qualitativ zu bewertende Funktionszusammenhänge der Gesellschaften in den Zielländern zur Seite gestellt, wobei religiöse Systeme, Legitimationsmuster und Traditionen in der Analyse Berücksichtigung fanden. Sozio-kulturelle Fragestellungen wurden fortan immerhin nicht mehr als nachgelagerte Phänomene im Entwicklungsprozess begriffen.

Im Unterschied zum Evolutionismus und modernisierungstheoretischen Ansätzen verwarf der Kulturrelativismus die Vorstellung eines kulturunabhängigen „Gerichtetseins" von Entwicklungsprozessen bzw. eine eindeutige Gesetzmäßigkeit historischer Entwicklungen. Er betont die grundsätzliche Verschiedenheit der Kulturen und einhergehend deren singulären Status, was jedweden Kulturvergleich mit exogen applizierten Kriterien und Parametern erkenntnistheoretisch erschwere, wenn nicht unmöglich gestalte bzw. allgemeingültige Wertekonstruktionen nicht zulasse. Einzelelemente der beobachteten Kultur seien aus dem Gesamtkontext zu interpretieren. Gleichförmige Entsprechungen ähnlich anmutender Phänomene in verschiedenen Kulturen seien im Sinne einer Homologie nicht verifizierbar, ebenso wenig die Einordnung von Kulturelementen in typische Konstellationen (Taxonomien); die Rückführung auf gleiche Ursachen erweise sich als nicht haltbar. Aus der Mannigfaltigkeit kultureller Varianten, so wird unterstellt, ergäben sich mannigfaltige Wahrnehmungswelten mit je relativer Validität. Kultur als ganzheitliches System bedürfe eines „verstehenden" Zugangs im Unterschied zu universal gültigen Messkriterien. Gerade der auf Verstehen im Gegensatz zu Quantifizierung ausgerichtete Ansatz verweist auf die geistesgeschichtlichen Wurzeln des Kulturrelativismus, die sich im deutschen Historismus und im Neokantianismus des späten 19. Jahrhunderts finden. Die Neubegründung der Kultur- und Geisteswissenschaften, wie sie vermittels des hermeneutischen Ansatzes Wilhelm Diltheys oder John Gustav Droysens für die Geschichtswissenschaft erfolgte, sowie die gegen den vorherrschenden Materialismus sich wendenden, auf Immanuel Kant zurückgreifenden theoretischen Positionen Friederich Albert Langes oder Heinrich Rickerts bereiteten den Nährboden für die Definition der Geisteswissenschaften als ideographische, auf Verstehen ausgerichtete, und die Naturwissenschaften als nomothetische, als erklärend arbeitende, Disziplinen.

Der vielfach geäußerte, an die Adresse kulturrelativistischer Positionen gerichtete Vorwurf, in der Tendenz einem radikalen, xenophilen Wertepluralismus und -relativismus Vorschub zu leisten bzw. einer Überbewertung des Exotischen anheim zu fallen, ist nicht von der Hand zu weisen. Wenn Werte und Normen kulturabhängig und ohne Korrektiv von außen definiert werden und sich einem Vergleich bzw. einer Bewertung anhand übergreifender, der betreffenden Kultur fremden Kriterien widersetzen, bleiben Fragen nach denkbarer Veränderung, etwa zum Nutzen der betroffenen Individuen, unbeantwortet. Mehr noch, Kulturen stellen vom Grundsatz her keine dauerhaft geschlossenen Systeme dar; prinzipiell reagieren sie auf Anforderungen, die Daseinsbewältigung und natürliche Umwelt an sie herantragen. In dieser Konfrontation gehen kulturelle Anpassungsprozesse im Sinne einer selektiv-adaptiven Modifikation vonstatten, die zum Beispiel durch neue Technologien mit in der Folge anders gearteter Mobilität und einer kritischen Valorisierung von Wertehierarchien ausgelöst wird. Auf diese Weise vollzieht sich eine Ausdifferenzierung eines bestehenden Systems mit der Möglichkeit eines signifikanten Wandels. An dieser Nahtstelle ist die theoretische Vermittlung zwischen evolutionistischen bzw. modernisierungstheoretischen auf der einen und kulturrelativistischen Sichten auf der anderen Seite zu leisten.

3. Grenzen der Machbarkeit

3.1 Adama University: Eine Bilanz

Die erste Jahreshälfte 2011 brachte einen gravierenden Umbruch in der bis dato ungebrochen gültigen Perspektive, die Adama University, die im Laufe des Jahres per ministeriellem Dekret in *Adama Science & Technology University* (ASTU) umbenannt wurde, als Modellhochschule gestalten zu können; und zwar gemäß dem von Regierungsseite in vollem Umfang indossierten *Framework*, das sich zudem in dem 2009 verabschiedeten neuen, nationalen Hochschulgesetz in wesentlichen Zügen abbildete. Im Laufe der zweiten Hälfte des Jahres 2010, d. h. nach den nationalen Wahlen im Mai, setzte sich die Erkenntnis durch, dass, wie ursprünglich angenommen, der von Regierungsseite mit wenig Einschränkungen zugestandene experimentelle Freiraum als verlässliche Rahmenbedingung für die großdimensionierten Reformanstrengungen auf dem Adama Campus nicht wirklich gewährleistet war. Spätestens zu Beginn des akademischen Jahres 2010/2011, als der Bildungsminister unter dem Druck hoher Zahlen von Sekundarschulabsolventen darauf bestand, dass auch die Reformstatus mit beschränkten Kapazitäten innehabende Adama University ihre Aufnahme- und Belastungsgrenzen ausweite, wodurch der Reformprozess erkennbar gefährdet wurde, setzte eine Desillusionierung ein. Ausbleibende oder verspätet eintreffende finanzielle Zuweisungen von der Bundesebene, die zur Fertigstellung von dringend benötigten Vorlesungsgebäuden benötigt wurden, sowie der durch die neue *Higher Education Proclamation* infrage gestellte, bislang dem deutschen Universitätspräsidenten gewährte persönliche Haftungsausschluss, verschärften die Lage.

Nach den Wahlen hatte sich ein bildungspolitischer Kurs- und Personenwechsel vollzogen, der Prioritäten der Hochschulreform entlang des neu verabschiedeten Fünfjahresplanes für die nationale Entwicklung setzte. Die dabei erfolgende Rückstufung der Adama University von ihrem Status als Modellhochschule zu einer Einrichtung in der Linie staatlicher Hochschulen war begleitet von der fortan alleinigen Zuständigkeit des Bildungsministeriums in Addis Abeba. Das zuvor wesentlich federführende Ministry of Capacity Building wurde alsbald aufgelöst, das zusätzlich betraute Ministry of Civil Service rangierte mit Blick auf die Reform des tertiären Bildungssektors nachgeordnet. „Ziel war jetzt nicht mehr die qualitative Entwicklung, vielmehr sah der neue Fünfjahresplan vor, bis 2015 die Zahl der Bachelor-Studierenden von 175 000 auf 470 000 zu erhöhen. Als neues Vorbild galt das wirtschaftlich erstarkte Südkorea, das seine Bildungs- und Hochschullandschaft quantitativ massiv ausgebaut hatte. Äthiopien wollte dem gleichtun und sich bis 2025 von einem der ärmsten Länder zu einem Land mit mittlerem Einkommen entwickeln" (Eichele 2012, S. 4). Zentrale politische Richtungswechsel sind in Äthiopien keinesfalls von einer Diskurskultur begleitet, wie sie etwa in entwickelten Zivilgesellschaften[12] als Prozess öffentlicher Meinungsbildung, zum Beispiel an den Hochschulen, in Erscheinung treten. Sie äußern sich vielmehr als abrupte, zentrale Verordnung. Subsidiäre Entscheidungsprozesse sind aufgrund der föderalen Staatsstruktur mit Blick auf die Bildung durchaus denkbar; das föderale System, das nach 1994 zur Wirkung kam, förderte zu weiten Teilen die Regionalisierung bildungspolitischer Entscheidungen. Der Bundesregierung in Addis Abeba obliegen gleichwohl die Rahmenkompetenz und das Definitionsmonopol, einmal mehr für die gesamtstaatliche Planung im tertiären Bildungssektor. Somit hätte der Bundesstaat Oromia, in dem die Adama University sich befindet, die Reformanstrengungen im Rahmen des deutsch-äthiopischen Modellversuchs an der Adama University nicht in Eigenregie weiterführen können. Entsprechendes Interesse einmal unterstellt, wäre dies wohl als Ausdruck unbotmäßiger politischer Selbstbehauptung und somit in der Tendenz als Opposition der zahlenmäßig stärksten Ethnie im Land eingeordnet worden.[13]

Es wäre jedoch eine verkürzte Sicht anzunehmen, dass allein der politische und bildungspolitische Kurswechsel jener Monate die Ursache für den nur in Teilen erfolgreichen Reformprozess ausmachte. Was im Rückblick als bleibende Leistung des ersten deutschen Gründungspräsidenten und seines fast ausschließlich aus Deutschland stammenden Führungsteams Anerkennung verdient, ist die beachtliche

---

12 Vgl. Bahru Zewde 2008: "the country made a spectacular leap from imperial autocracy to Marxism-Lenism […] its programme for social transformation […], without the intervening experience of bourgeois liberation." (S. 254–255) "the virtual absence or weakness of the middle class or bourgeoisie. As a result, Ethiopia has had the benefit neither of a Magna Carta nor of a bourgeois democratic revolution. This fact has had a bearing on the fragile nature of civil society in contemporary Ethiopia." (S. 328) "the Ethiopian state has exhibited an enhanced degree of coercive power deployed […]. This resulted in a pervasive military ethos" (S. 330)
13 In diesem Sinne interessant ist der Umstand, dass im Zuge der auf zentraler Regierungsebene verordneten Umbenennung der Adama University in Adama Science & Technology University universitätsintern Namensgebungen erörtert wurden, die sich zudem in ersten Beschriftungsentwürfen niederschlagen, die als demonstrative Geste regionalpolitischer und ethnischer Selbstbehauptung die Bezeichnung „Oromo" als Teil jedweden neuen Namenszuges vorsahen.

Ausweitung der physischen Infrastruktur an den beiden Hauptstandorten der Adama University, wozu vor allem umfassende Bautätigkeit und massiv erweiterte EDV- bzw. Internetkapazitäten zu rechnen sind, aber auch die internationale Öffnung der Universität, die sich in der Gewinnung einer Reihe von ausländischen Kurzzeitdozenturen, curricularer Revision, Partnerschaften, eingeworbenen Spenden und Stipendienmöglichkeiten offenbarte. Hingegen konnte im Rahmen der zur Verfügung stehenden Zeitachse und der naheliegenden Prioritätensetzung in den ersten Jahren der Reformanstrengungen der drückenden Anforderung, eine umfassende Verwaltungsreform nebst Geschäftsprozessoptimierung sowie eine mentale Verankerung des Reformgedankens bei der sowohl akademischen als auch administrativen Belegschaft auf den Weg zu bringen, kaum entsprochen werden. Zum einen ist eine Verwaltungsreform Grundvoraussetzung für das operative Geschäft auf allen Ebenen der Hochschule, von der Rekrutierung qualifizierten Personals über verlässliche Haushaltsführung bis hin zur Revision der Curricula und der Verbesserung der Lehre an den Fakultäten. Ohne sachdienliche Administration, und somit immer auch Koordination von Prozessen, lassen sich Reformen nicht wirksam transportieren bzw. sichern. Zum anderen – und hier liegt ein im Kern konzeptuell vernachlässigtes Feld der Reformanstrengungen, die im Grundsatz von modernisierungstheoretischen Prämissen geleitet waren – offenbarten sich die sozio-kulturellen Rahmenbedingungen als unterschätzte Hemmschwelle für einen Multiplikatoreneffekt, der als unabdingbare Voraussetzung für die Internalisierung des Reformgedankens und die Erzeugung genuiner Motivation auf der Seite der äthiopischen Mitarbeiterschaft zu werten ist.

Die typischen, viele Entwicklungsgesellschaften wie gerade die äthiopische auszeichnenden, strukturellen Mängel wie knappe Devisenrücklagen, defizitäre Humanressourcen, unterentwickelte Planungs- und Umsetzungskompetenz, defizitäre zivilgesellschaftliche Strukturen, klientelistische, parochiale Gesellschaftsstrukturen, Nepotismus und Korruption hätten von vornherein eine gradlinige Implementierung eines nach deutschen Parametern gestrickten Reformkonzeptes in Frage stellen müssen. Hinzu kommen spezifische *kognitive Strukturen* (Bedeutungszuweisungen, Denk- und Wissensformen, Entscheidungsfindungsprozesse) und *Sinnsysteme* (Weltbilder, Lebenszyklusinterpretationen, Tabus, Mythen). Zentral ist die Frage, wie eine Internalisierung von Reformprozessen (vgl. den viel zitierten Begriff *ownership* mit Blick auf gesellschaftliche Transformationsprozesse) und somit die Schaffung von genuin motivierten einheimischen Multiplikatoren[14], überhaupt erreicht werden kann

---

14 Vgl. zum Aspekt der Motivierung die Darstellung des deutschen Gründungspräsidenten: „Im Rahmen eines von mir entwickelten Tandemkonzeptes, bestehend aus einer deutschen und einer äthiopischen Fachkraft, sollte an der Hochschule

angesichts einer primär von Subsistenzsicherung und einhergehenden Interaktionsformen vereinnahmten breiten Mehrheit in allen Bevölkerungssegmenten. Letzteres gilt uneingeschränkt auch für die zahlenmäßig dünnen akademischen Eliten Äthiopiens, die gerne als Speerspitze für Wandel ins Feld geführt werden. Die nicht hinreichende Besoldung im Öffentlichen Dienst, gepaart mit einer 2010 sich auf circa 35% belaufenden Inflation und einer Verdopplung der Nahrungsmittelpreise bis zu 50%, legten jedwedem Engagement einheimischer Kollegen enge Bandagen an und räumen nahezu zwangsläufig Nebentätigkeiten außerhalb des Campus Priorität ein. Es bleibt kaum Platz für zum Beispiel „ehrenamtliche" Gremienarbeit an der Fakultät, um etwa eine Promotionsordnung abzufassen oder der Verbesserung der Lehre dienende Skripten zu entwickeln.

Wie sozio-kulturelle Faktoren auf Mikroebene sich manifestieren und wirksam werden können, soll in Kapitel 3.3 anhand einer selektiven Typologie exemplarisch sowohl für den akademischen als auch den Verwaltungsalltag an der Adama University aufgezeigt werden. Es erscheint angebracht, zunächst eine Begriffsbestimmung vorzunehmen, auch um die vorgenommene Typenauswahl herzuleiten.

3.2 Sozio-kulturelle Determinanten in der Entwicklungstheorie

In dem Maße, wie in den westlichen Metropolen der Gedanke bestimmend blieb, über die geförderten Eliten in Entwicklungsgesellschaften und deren Kompetenz und Machtposition Fortschritt erzielen zu können, wurde keine Notwendigkeit erkannt, die historisch gewachsenen Strukturen der betroffenen Gesellschaften vor Ort systematisch in die Konzeption von Projekten einzubeziehen. Traditionsbestände wurden als retardierende und im Grundsatz durch exogen induzierte Veränderung als überformbare lokale Faktoren betrachtet, die im Zuge erreichter Verbesserung des Lebensstandards von den Adressaten der Entwicklungshilfe als obsolet empfunden

---

Know-how über Best Practices aufgebaut werden. Vorgesehen war, dass zunächst die deutsche Fachkraft die Entscheidungskompetenz hatte, in einer zweiten Phase sollten Teilzuständigkeiten an die äthiopische Fachkraft übertragen werden, und in einer dritten Phase sollte diese die volle Zuständigkeit erhalten. Die deutsche Fachkraft sollte dann nur noch für eine kurze Zeit Coach sein. Das setzt aber voraus, dass die äthiopischen Fachkräfte bereit waren, mitzumachen. Doch es stellte sich heraus, dass sie solchen Neuerungen gegenüber misstrauisch waren. Sie meinten vielmehr, dass in ein paar Jahren sowieso alles wieder beim Alten sei. Sie hatten Angst, als Kollaborateur abgestempelt zu werden und nach dem Abzug der Ausländer von den Anhängern des alten Systems zur Rechenschaft gezogen zu werden." (Eichele 2012, S. 5).

würden. Dass Technik kulturgebunden ist, ihr eine immaterielle kulturspezifische Disposition innewohnt, und sie von daher jenseits ihres funktionalen Aspektes ein symbolisches, wertebehaftetes Kulturobjekt verkörpert, blieb unberücksichtigt. M. Hermeking zeigt anhand einer umfangreichen Erhebung in drei Kulturregionen (Arabien, Russland, Lateinamerika) an Beispielen bilateraler technischer Transferprojekte der deutschen Entwicklungshilfe kulturspezifische Unterschiede im Umgang mit Technik auf, die exemplarisch die Kulturgebundenheit von Technik vor Augen führen. Typische Kritikpunkte der deutschen, mit der Einführung verschiedener Technologien vor Ort befassten Fachkräfte wie zum Beispiel „Unpünktlichkeit" der einheimischen Kollegen, bzw. „mangelndes (lineares) Zeitverständnis" oder „nicht ausgeprägte Planungsrationalität" führen Hermeking zu dem Schluss, die „sichtbare Zunahme materieller Ähnlichkeit und Gemeinsamkeit vieler Kulturen dieser Welt in Form zunehmender Industrialisierung [...] rechtfertigt keinesfalls die einseitige Schlussfolgerung einer identischen Angleichung der geistig kulturellen, immateriellen Dispositionen hinter [...] transferierten materiellen Kulturprodukt[en]" (Hermeking 2001, S. 45). R. Hettlage benennt fünf, für die okzidentale Industriekultur und ihren an Technik orientierten Lebensstil bezeichnende Neuorientierungen, die nicht kultur-übergreifend vorausgesetzt werden können und zum Inventar sozio-kultureller Spezifika zählen:

(1) Selbstorientierung:

Ein durch Rationalisierung und methodische Lebensführung bestimmter Persönlichkeitstyp.

(2) Umweltorientierung:

Durch Sachdominanz gesteuerte Beziehungen vermittels kollektiver organisatorischer Disziplin und sozialer Differenzierung.

(3) Naturorientierung:

Natur als beherrschbarer Gegenstand und Orientierung menschlichen Handelns am technisch Möglichen.

(4) Zeitorientierung:

Vertaktung der Lebenszeit durch reglementierte Arbeitszeit und kontinuierliche Arbeitsintensität mit immanenter Tendenz zur Temposteigerung

(5) Sinnorientierung:

Denk- und Erlebnistypologie, die auf Abstraktion, Anonymität, Maximierung, Interdependenz gründet.

(Hettlage 1990, S. 76ff)

Die Einführung von industrieller Technik in Agrargesellschaften kommt einem Prozess der Rationalisierung in dem Sinne gleich, dass eine *Berechenbarkeit* der Abläufe (z. B. Antizipation, Regularität, Konsistenz)[15] vonnöten ist, um bei maschinell vonstatten gehenden Vorgängen Kontinuität hinsichtlich des zu erzielenden Produktes zu gewährleisten. Methodische, zweckrationalistisch gesteuerte, im Gegensatz zu situativ beliebig nach Kontextkonstellationen gestalteten Verhaltensweisen werden bestimmend. Es handelt sich um eine Art sozialer Disziplinierung der betroffenen Individuen. Neben dieser Form der äußeren Kontrolle von Industrie- und Produktionsprozessen tritt eine verinnerlichte Affektkontrolle, die die soziale Disziplinierung komplettiert. Auf diese Weise stellt westlicher Techniktransfer eine Prägeapparatur für die Formung eines entsprechenden Persönlichkeitstypus dar. Dass dieser Prozess, wenn er als linear vonstatten gehende Übertragung begriffen wird, zum Scheitern verurteilt ist, belegen die Erhebungen von M. Hermeking. Der anders geartete sozio-kulturelle Kontext mit den ihm eigenen persönlichkeitsbildenden Identifikationsprozessen, die nicht kompatibel sind mit dem Referenzsystem einer konsolidierten, insbesondere westlichen Industriegesellschaft, bedarf der Beachtung.

In den ersten Jahrzehnten nach dem Zweiten Weltkrieg blieben in der bi- und multilateralen Entwicklungsarbeit kulturelle Aspekte auf die Wahrung kulturellen Erbes in Form zu schützender und zu erhaltender Artefakte der bildenden Kunst, historischer Bauwerke oder religiöser Stätten, begrenzt. Als kulturelle *Determinanten* in der Entwicklungstheorie und -praxis traten sie erst allmählich auf. Einhergehend mit zunehmender Kritik an der dominanten Modernisierungsstrategie jener Zeit, der Entwicklung des grundbedürfnisorientierten

---

15 Vgl. hierzu auch die von W. v. d. Ohe et al. zum Begriff Arbeitsethik genannten Kriterien westlicher Provenienz: Abstraktheit der Verpflichtungen gegenüber öffentlichen Interessen/Aufgaben, Regelmäßigkeit, Pünktlichkeit, Pflichtbewußtsein, Sachlichkeit (statt Emotionalität), Trennung von Arbeit und Freizeit, Zuverlässigkeit (als Erfordernis einer industriellen Technologie) (v. d. Ohe 1982, S. 153–154). U. Laaser merkt an: „dass die Institutionalisierung von Handlungsabläufen notwendig auf zeitplanendes, bedürfnisverschiebendes, durch abstrakte Regeln geleitetes Verhalten der Subjekte [ge]gründet [...] oder dass die Koordination der Summe von Interaktionen nur möglich [ist], wenn das Prinzip der industriellen Arbeitsteilung, die Bereitschaft zur Dauerleistung (sog. Fleiß) und auch die Verbindlichkeit neuer Status- und Belohnungssysteme allgemein akzeptiert [wird]. Die solchermaßen entstehenden psychischen Eigenschaften [sind] [...] ‚Pünktlichkeit' ‚Disziplin', ‚Leistungswille', überlokale ‚Informiertheit', ‚Askese-Bereitschaft', ‚Anti-Fatalismus' o. ‚Aktivismus' etc." (S. 19).

Konzeptes der ILO 1975 und der im gleichen Jahr in Accra, Ghana, stattfindenden Konferenz über Kulturpolitik in Afrika wurde die kulturelle Dimension von Entwicklung in den entwicklungspolitischen Diskurs begrifflich eingeführt. 1982 organisierten die Vereinigten Nationen in Mexico City eine Weltkonferenz zur Kulturpolitik und bewirkten wohl die bis dato größte Fokussierung auf die kulturelle Dimension. In der deutschen staatlichen Entwicklungshilfe nahm, wie erwähnt, das Rahmenkonzept des BMZ zur Berücksichtigung sozio-kultureller Faktoren in der zweiten Hälfte der achtziger Jahre Gestalt an und wurde 1992 verbindlich eingeführt. Nicht unerwähnt bleiben sollte die seit 1990 jährlich erfolgende Vorlage des *Human Development Report* der Vereinten Nationen, der bedeutende Impulse zu einer allgemeinen Festschreibung von sozialen und kulturellen Aspekten in der konzeptionellen Arbeit vieler Geberorganisationen[16] lieferte und zwar im Rahmen der Forderung der internationalen Staatengemeinschaft, Armutsbekämpfung und Gender-Bezügen zentralen Stellenwert einzuräumen, was wiederum die Aufmerksamkeit auf deren sozio-kulturelle Einbettung lenkte.

In Entwicklungsländern geht mit zunehmender Säkularisierung häufig ein Realitätsverlust traditioneller Deutungsmuster einher, die konkret erfahrene gesellschaftliche Wirklichkeit bislang transzendierten und durch ein spezifisches und vertrautes symbolisches Bezugsystems vermittelten und somit Identität sicherten. Das Eindringen einer exogenen Rationalität in weite Lebensbereiche, wie sie im Transfer von Technologie und begleitender Referenzsysteme zumindest ansatzweise vonstatten geht, kann hingegen zur *Anomie* (Durkheim 1993, S. 288f, 382; Merton 1968, S. 185–214) führen, wobei Individuen oder Gruppen sich ihrer vertrauten transzendenten Referenz beraubt fühlen und die Störung der sozialen Integration eine Folgeerscheinung sein kann. Als Kehrseite des Scheiterns modernisierungstheoretischer Ansätze in der Entwicklungszusammenarbeit, und angesichts der Gefahr, der vertrauten Bezugsysteme verlustig zu gehen, findet vielfach eine Hinwendung zum bodenständigen kulturellen Erbe statt. Im Hinblick auf Äthiopien plädiert etwa Tekeste Negash indirekt für eine Revalorisation des traditionellen Ethos:

> "Ethiopia failed to modernise because it chose to base its path on Westernization rather than on the renewal of its traditional ethos. Modernisation through Westernization is a project doomed to failure. Westernization understood as the

---

16   Vgl. die Gesamtschau von F. Bliss et al. zum Grad der Berücksichtigung sozio-kultureller Faktoren beim BMZ und deutscher staatlicher Durchführungsorganisationen sowie deutscher Nichtregierungsorganisationen und ausländischer bi- und multilateraler Geber (Bliss 1997, S. 51–103).

complete replacement of tradition imported from the West could only create the loss of identity. Moreover, once implanted in foreign culture, Western models of modernization (such as a democratic system of governance) are no more than caricatures of the original. No country has modernised its culture and society by wholesale importation of Westernization [...] the only way out for countries like Ethiopia is to anchor modernization on the traditional values and beliefs of the Ethiopian people." (Negash 2006, S. 38–39)

Ungeachtet der Frage nach der Validität einer Radikalkritik im Sinne von Tekeste Negash gilt, dass in dem Maße, wie in Aussicht gestellte Entwicklungsprozesse sich verzögerten, eine Partizipation der Basis an der Konturierung von Vorhaben nicht hinreichend stattfand und vor allem eine Verbesserung der materiellen Lebensbedingungen ausblieb, auf sich selbst zurückgeworfene Bevölkerungssegmente häufig auf ihre tradierten Wertesysteme (vgl. Beschwörung historischer Wurzeln und einhergehende Aktualisierung von Mythen oder religiöse Erneuerung) rekurrierten, die vertraute Lebensumstände abbilden. So bedeutet die in manchen Ländern zunehmende Re-Islamisierung vieler Lebensbereiche, gerade im Sinne einer fundamentalistischen Orientierung, eine explizite Abkehr von westlichen Gesellschafts- und Lebensmodellen. Endogene Gegenentwürfe von Entwicklung werden demonstrativ geäußert. Dieser Rückbezug fungiert als Kompensationsstrategie und hat identitätsstabilisierende Wirkung. In nicht-säkularen Gesellschaften kommt der Religion in diesem Geschehen eine zentrale Rolle zu. Sie leistet die symbolische Vermittlung gesellschaftlicher Unbeständigkeit (Kontingenz) als Beitrag zur personalen Identitätssicherung. Die dabei geleistete Transzendierung gesellschaftlicher Realität und ihrer Bruchstellen offenbart Religion als soziale Agentur, die in Zeiten rapiden Wandels, in denen vertraute Referenzbereiche in der tradierten Ordnung des Alltags ihre Validität einbüßen, ihre Stärke entfaltet. Religion und Gesellschaft sind in Agrargesellschaften vieler Entwicklungsländer nach wie vor deckungsgleich im Unterschied zur Situation in den westlichen Industriegesellschaften, wo die bruchlose Entsprechung zwischen gesellschaftlicher und religiöser Realität sowie die Plausibilität von religiösen Deutungssystemen verloren ging. Religion wurde dort vielmehr subjektiviert und zur Privatangelegenheit. Diese Unterscheidung erklärt die flächendeckend mögliche Mobilisierung von religiösen Deutungen gesellschaftlichen Geschehens in nicht-säkular organisierten Gesellschaften, z. B. im Sinne einer Fundamentalisierung, wobei sich der Grad der Intensität häufig proportional zur gesellschaftlichen Verunsicherung verhält.

Hinzu kommt, dass nationalen, von westlicher Unterstützung abhängigen Führungseliten die Möglichkeit abhanden kommt, Bedingungen des Wandels ihrer Kontrolle zu unterziehen. Sie sind mit dem Verlust der endogenen

Beeinflussung von Veränderungsprozessen sowie der Abhängigkeit von exogenen Einflussfaktoren, wie sie etwa das Geschehen auf schwankenden Weltmärkten darstellt, konfrontiert. Angesichts ausbleibender Entwicklungsfortschritte und unter dem Zwang, bisherige Legitimationsstrategien einer Revision zu unterziehen, fördern sie vielfach ebenfalls die Reaktivierung traditioneller, häufig auch religiöser Identitätsmechanismen, was in diesem Falle einer Entlastungsstrategie gleichkommt. Auf diese Weise greift eine Gesellschaft auf die ihr eigenen ökonomischen, politischen und sozialen Organisationsmuster sowie deren „Überbau", d. h. Symbolstruktur, zurück, die Orientierungsmuster bietet und auf angestammte kulturelle Kontexte verweist. In der Alteritätsforschung richtet sich die Aufmerksamkeit auf die tiefenstrukturellen Wahrnehmungs- und Werteparadigmen, die in der Konfrontation des Eigenen mit dem Fremden, d. h. im vorliegenden Fall der bodenständigen vertrauten Kultur mit der oktroyierten, exogen verordneten, ihre Wirksamkeit entfalten. Das kulturelle Bewusstsein reagiert auf beiden Seiten der Betrachtungsebene mit Entwürfen von Fremd- und Selbstbildern, sogenannten Hetero- und Autostereotypen, die sich verdichten und deren von Projektionen[17] geleiteter Konstruktcharakter nicht durchschaut wird. Leitend ist dabei das Interesse der betroffenen Individuen und gesellschaftlichen Gruppen, in der Konfrontation mit dem Fremden die eigene Identität durch Orientierung an vertrauten Kontexten bzw. Wertesystemen zu sichern.

Die zunehmende Kritik an der mangelhaften Nachhaltigkeit vieler Entwicklungsmaßnahmen hatte im westlichen Theoriediskurs allmählich den Blick für das kulturelle Erbe und dessen nähere Bestimmung sowie begriffliche Ausdifferenzierung geöffnet.

---

17 So verdient zum Beispiel das immer noch anzutreffende Stereotyp, abstrahierendes Denkvermögen sei bei vielen Völkern in Entwicklungsländern minderwertiger Intelligenz geschuldet eine differenziertere Betrachtung, wie sie etwa A. McIntyre et al. leisten, in dem vielmehr die Dauer formaler Beschulung zum Grad trainierter Intelligenz in Beziehung gesetzt wird: „researchers found that abstract reasoning tasks are better performed by Westerners than by people in traditional societies with lower levels of industrialization. Within less industrialized societies people with a longer period of formal schooling tend to perform reasoning tasks better. Instead of explaining this in terms of cognitive styles or intelligence, researchers adopting the meaning-making perspective explained this in terms of the similarity between cognitive tasks taught at school and the abstract reasoning tasks in intelligence tests. Formal schooling provided the concrete contexts in which abstract reasoning tasks were taught and performed; those with greater experience in formal schooling should be able to perform similar tasks better in the context of intelligence testing" (A. McIntyre 2004, S. 230).

„Als sozio-kulturelles Erbe heutiger Völker bezeichnen wir traditionelle gesellschaftliche Strukturen, soweit sie *ökonomisch* in Form von lokalen (informellen) Produktionssystemen weiter bestehen, *politisch* als traditionelle klientelistische Netzwerke sich ständig neu formieren und reproduzieren und die im *religiösen* Bereich als Glauben an die Wirksamkeit traditioneller Symbole die heutigen Verhältnisse zu beeinflussen vermögen. Dahinter steht die Vorstellung, dass die Vergangenheit noch machtvoll präsent ist auch in Form von spezifischen *Mentalitätsstrukturen*, die nur im Zusammenhang mit den traditionell-ethnischen Gesellschaftsverfassungen zu verstehen sind. Auch im urbanisierten und modernisierten Sektoren der Entwicklungsgesellschaften dürften sie sich noch solange erhalten, als die Existenzsicherung (durch Arbeit, Gesundheits- und Altersversorgung etc.) im Rahmen der nationalen Gesellschaftsordnungen nicht hinreichend verlässlich gewährleistet bleibt" (Müller 1990, S. 95)

Sozialer Wandel und Entwicklung lassen sich demnach nicht allein in sozioökonomischen Kategorien fassen. Der Verweis auf die Mentalitätsstrukturen verdeutlicht die Notwendigkeit, jenen Kategorien ein individual- oder sozialpsychologisches Korrelat zuzuordnen; auf diese Weise werden Unterschiede zwischen industriellen und nicht-industriellen Gesellschaften entlang der psychologischen Merkmale der jeweiligen gesellschaftlichen Subjekte bestimmbar, was wiederum den Blick von den ökonomischen Rahmenbedingungen auf die sozialen Netzwerke und kulturellen Bedeutungsfeldern lenkt, in denen Individuen operieren und die einem gesellschaftlichem System Zusammenhalt und Beständigkeit geben. Nach N. Luhmann sind soziale Systeme sinnverarbeitende Systeme (Luhmann 1984, S. 64, 122–135), wobei mit *Sinn* die Art bezeichnet wird, wie soziale und – primär auf Ebene des Individuums – psychische Komplexität in einer Gesellschaft reduziert wird. Das Ergebnis unterliegt der symbolischen Repräsentation[18] der konstruierten, d. h. der vereinbarten Referenzen (kulturell spezifische Verhaltensweisen bzw. kognitive Prozesse, Sinnzuschreibungen, Wertmaßstäbe), um eine Gesellschaft zu integrieren. Demnach ist ein soziales System die Verkettung kommunikativer Operationen. T. Parsons, dessen Theorie N. Luhmann weiterentwickelt, sieht kommunikativ vermittelte Handlungen[19] als konstitutive Elemente sozialer Systeme (Parsons 1951, Parsons 1964).

---

18 Mit *symbolischer Repräsentation* wird in der Psychologie der Vorgang umschrieben, wenn vermittels symbolischer Strukturen mentale Prozesse und Ideen zum Ausdruck gebracht werden. Das Repertoire von Symbolen umfasst sinnlich wahrnehmbare oder vorstellbare Bedeutungsträger (z. B. Gedanken, Vorgänge, Handlungen, Gegenstände usw.), denen in einer Gemeinschaft bzw. Kultur eine über die sinnlich wahrnehmbare Ebene hinausreichende Bedeutung zuerkannt wird.
19 Vgl. hierzu auch C. Geertz: „Dem Verhalten muß Beachtung geschenkt werden, […] weil es nämlich der Ablauf des Verhaltens ist – oder genauer gesagt, der Ablauf

Die Ausführungen leiten über zu den kulturellen Bedeutungsfeldern bzw. sozio-kulturellen Determinanten eines Gesellschaftssystems, in denen die symbolische Repräsentation ihren Niederschlag offenbart. Eine die zitierte Grobgliederung in einen ökonomischen, politischen und religiös-mentalen Bereich differenzierende Typologie sozio-kultureller Strukturen, bietet die Übersicht von W. v. d. Ohe et al.

Sozio-kulturelle Dimension

Kognitive Strukturen und Prozesse	Sinnsysteme
Faktoren und Beispiele:	Faktoren und Beispiele:
– Bedeutungszuweisungen (z.B. **Wasser, Sonne, Boden** sind sakral besetzt; **Tradition** als integraler Sinnrahmen; **Austauschbegriff:** Äquivalente zum abstrakten Tauschmedium „Geld", z.B. Prestige und Ehre im Tausch gegen materielle Güter) – Sprache (spezifische „Tiefenstruktur", z.B. Mehrdeutigkeit von Begriffen) – Denkformen/Wissensformen (**Zeitbegriff**, linear oder zyklisch; Vorstellung von Vergangenheit, Gegenwart, Zukunft; **Räumliches Denken**, z.B. reale versus symbolische Entfernung) – Entscheidungsfindungssysteme (Westliche Kopflastigkeit vs. situative Empathie)	– Religion/Weltbilder (Als **Sinnrahmen** für alle Lebensäußerungen; **Chiliasmus**: Verschmelzung religiöser Motive mit weltlichen Zielen; **Revitalisierungsbewegungen**) – Mythen (Vermischung von traditionellen und modernen Inhalten, Wachstumsmythos oder Revolutionsmythos) – Magie (Magisches versus wissenschaftliches / rationales Empirie-basiertes Weltbild) – Tabus (Territorien, Pflanzen und Tiere; soziale Regulierungsfunktionen) – Lebenszyklusinterpretationen (Bedeutung von Geburt und Tod, Ahnenkult, Vorsorgedenken, Hierarchie von Alt und Jung)

Im gesellschaftlichen System stellen sich die Entsprechungen für die zentralen Bereiche Politik, Ökonomie, Sozialstruktur und Persönlichkeit wie folgt dar:

---

des *sozialen Handelns* [m. Herv.] ist –, in dessen Rahmen kulturelle Formen ihren Ausdruck finden" (Geertz 1987, S. 25).

Entsprechungen im gesellschaftlichen System

Sozio-kulturelle Faktoren & **Politik**	Sozio-kulturelle Faktoren & **Ökonomie**	Sozio-kulturelle Faktoren & **Sozialstruktur**	Sozio-kulturelle Faktoren & **Persönlichkeit**
– Hierarchien (lokal, regional, national) – Interessensartikulation & Entscheidungs-Findungsprozesse [Sprache, m. Anm.] – Solidaritäts- & Abhängigkeitsbeziehungen [Klientelismus, m. Anm.]	– Produktions- & Arbeitsformen – Traditionelle Technologien – Ökonomische Rollenteilung (Mann, Frau, Kind) – Arbeitsethik (Pünktlichkeit; Zeiteinteilung; Regelmässigkeit)	– Familienformen & Verwandtschafts-Beziehungen (Klein-/Großfamilie; Rollenverständnis der Geschlechter; Bedeutung des Kinderreichtums) – Sozialisationsformen (Bedetungszuschreibung an Sozialisationsagenten wie Eltern, Schule) – Hierarchien (Soziale Gruppen; Ethnien)	– Sozialisationsstile & -inhalte (Stillverhalten; Reinlichkeitserziehung; Sexualverhalten; Geschlechterrollen) – Psychische Struktur (Individuelles versus Gruppenego) – Trieb- & Konfliktregulierung (Aggressionsverarbeitung; Tabus; Definition von Krankheit / Gesundheit, normal und abnormal)

(vgl. v. d. Ohe 1982, S. 179)

Die synoptische Form der Darstellung, bzw. Zusammenschau der sozio-kulturellen Dimension, beansprucht keine Vollständigkeit. Die Unterteilung in kognitive Strukturen und Sinnsysteme sowie die jeweils zugeordneten Faktoren resultieren aus der entwicklungspolitischen Praxis, in der sie als prägend eingestuft wurden; zugleich reflektieren sie Ergebnisse sozialwissenschaftlicher Erklärungsansätze (vgl. v. d. Ohe 1982, S. 177). Natürlich sind die Faktoren als komplementär, als ineinander greifendes Gefüge und nur in der Abstraktion als isoliert in Erscheinung tretende zu fassen.

Die Faktoren *Zeit*, *Klientelismus* und *Sprache* erwiesen sich auf Mikroebene, d. h. in der Alltagspraxis der Reformanstrengungen an der Adama University, als signifikant. Sie waren zum Verständnis von Verhaltens- und Handlungsweisen, die sich für die nach westlichem Referenzsystem konstruierten Reformanstrengungen als abträglich erwiesen, im besonderen Maße aufschlussreich. Sie werden im nächsten Kapitel exemplarisch beleuchtet.

3.3 Selektive Typologie: Zeit, Klientel, Sprache

3.3.1 Zeit

Das Verhältnis zur Zeit und der Umgang mit ihr stellt ein wichtiges Element zur Bestimmung von Kulturen dar. Zeit ist das Speichermedium für die Bewahrung von Erfahrungen und Geschehnissen, und sie ist abhängig von dem jeweils spezifischen Bezugssystem eines kulturellen Kontextes. Die typischen Muster der Vergangenheits-, Gegenwarts- und Zukunftsorientierung weisen *Zeit* als spezifische Denkform und damit als Teil der kognitiven Strukturen und Prozesse einer Kultur aus: "As surely as each culture has its spoken language, each has its own *language of time* […] When we take our own time system for granted and project it onto other cultures, we fail to read the hidden messages in the foreign time system and thereby deny ourselves vital feedback […] Rhythm is an intangible but important aspect of time. Because nature's cycles are rhythmic, it is understandable that rhythm and tempo are distinguishing features of any culture" (Hall 1990, S. 18). Auf Mikroebene der Entwicklungszusammenarbeit tritt Zeit zuallererst als Kristallisationspunkt von Konflikten entlang unterschiedlichen Zeitbewusstseins in Erscheinung, wie nachfolgend anhand von aus der Praxis der Reformbemühungen an der Adama University gegriffenen Fallbeispielen gezeigt werden soll.

    E. T. Hall unterscheidet zwischen *monochronem* und *polychronem* Zeitverständnis (vgl. Hall 1989, S. 44–58). Monochrone Kulturen sind von einer linearen Auffassung von präzise geregelter Zeit geprägt, bei der die Kalkulierbarkeit von Abläufen auf einer Zeitachse bestimmt ist. In polychronen Kulturen hingegen dominiert die Empfindung parallelen Geschehens, eine unifokale Ausrichtung entlang einer gleichsam linear vertakteten Zeit hat gegenüber der Polyvalenz gleichzeitiger Abläufe eine nachgeordnete Bedeutung: „Polychronic time is characterized by the simultaneous occurence of many things and by a great involvement with people. There is more emphasis on completing human transactions than on holding on schedules. […] Some polychronic people […] give precedence to their large circle of family members over any business obligations" (Hall 1990, S. 14f). M. Hermeking setzt im Rahmen seiner auf drei Kontinente bezogenen Erhebungen zur Frage des Techniktransfers polychrones Zeitverhalten in Bezug zum Entwicklungsstand einer Gesellschaft: „Das polychrone Zeitverhalten weist

Konformität mit [...] Merkmalen starker Gruppensolidarität sowie geringer materieller Leistungsorientierung auf" (Hermeking 2001, S. 109). Leistungsorientierung in einem von entwickelten industriellen Strukturen geprägten Kontext hat Sekundärtugenden zur Voraussetzung, zu denen lineares Zeitverständnis und eine entsprechende Ausrichtung von Handlungen der Akteure zählen. Der soziokulturelle Typus *Zeit* offenbart sich von daher als besonders aufschlussreich. Die Einführung von auf linearer Zeitorientierung basierenden Entwicklungsprogrammen erfordert zwangsläufig eine Modifikation der vorherrschenden zeitlichen Strukturen vor Ort, um die Projektierung von konkreten Vorhaben und die Messbarkeit von Ergebnissen im Rahmen von Monitoring und Evaluierung zu ermöglichen. Tradierte Bewusstseinsprozesse erweisen sich in der Regel aber eher als resistent gegen Veränderungen, die binnen kurzer Projektlaufzeiten neue Modi der Wahrnehmung implizieren, wie dies bei anders geartetem Zeitverständnis der Fall ist.

Wie traten diese Zusammenhänge im Alltagsgeschehen auf dem Campus der Adama University in Erscheinung, wie wurden sie greifbar?[20]

Fallbeispiel 1:

Der deutsche Gründungsdekan der School of Humanities & Natural Sciences hatte auf der Basis einer Stellenausschreibung und anschließender Konsultation zuständiger Gremien der Fakultät entschieden, einen Kollegen des Law Department zum neuen Abteilungsleiter zu ernennen. Diese Beförderung war mit einer Gehaltszulage verbunden und beinhaltete daher sowohl einen pekuniären als auch einen Statusfördernden Anreiz. Hinzu kam, dass die Abteilungsleitung eine wichtige Zwischenstufe auf der Hierarchieleiter zu nachfolgenden höheren Ämtern, wie etwa dem Dekansamt, bedeutete. Der Dekan fertigte das Ernennungsschreiben aus, informierte den Kollegen, der sichtbar Freude über seine Ernennung zeigte, und vereinbarte mit ihm einen Termin am folgenden Tag für die Überreichung des Ernennungsschreibens. Zum vereinbarten Termin erschien der Kandidat nicht. Mehrere Stunden später tauchte er schließlich im Dekanat auf und erwartete ohne Erklärung freudig die Überreichung des formalen Ernennungsdokumentes. Auf die kollegial und höfliche Frage des Dekans, warum er den vereinbarten Termin nicht habe einhalten können, zeigte sich der Kandidat erstaunt ob der Nachfrage, die er erkennbar nicht erwartet hatte und antwortete schließlich höflich und ohne Spur von Ironie, er sei doch jetzt da. Die weitere Frage des Dekans, ob er nicht habe anrufen können, da andere Termine des Dekans von seinem Nichterscheinen berührt worden seien, beantwortete er mit erstauntem Augenaufschlag.

Bei dem genannten Beispiel, das keinesfalls einen Versuch der gezielten Provokation des Dekans aus welchen Gründen auch immer beschreibt, wird greifbar,

---

20 Alle nachfolgenden Fallbeispiele stellen persönliche Erlebnisse des Autors dar.

dass zeitliche Präzision nicht als Verpflichtung empfunden wird, sondern in hohem Grade kontextbezogen ist. Ein solcher Kontext mag zum Beispiel die Vereinbarung mehrerer Termine zum gleichen Zeitpunkt bedeuten, was nicht ungewöhnlich wäre, zumal ein fixierter *Punkt* auf einer linearen Zeitachse eher einen Horizont – im vorliegenden Fall für die sehr nahe Zukunft – absteckt. Die bewusstseinsmäßige Aktualisierung der Vereinbarung hingegen reiht sich ein in die Gleichzeitigkeit mehrerer Geschehnisse von zunächst gleichwertiger Bedeutung, denen die betroffene Person ihre Aufmerksamkeit je nach situativer Priorisierung zuwendet. Dabei gilt, dass den Belangen der primären Bezugsgruppe absoluter Vorrang zukommt: „Kennzeichen polychroner Kulturen ist […] Priorität sozialer und familiärer Belange vor Geschäftsverpflichtungen" (Hermeking 2001, S. 136; vgl. a. Hall 1990, S. 14f). Entscheidend bei dem angeführten Beispiel ist nicht die Hierarchisierung von Prioritäten aus der Menge gleichzeitig gegebener Anforderungen, die durchaus auch in westlichen Gesellschaft im Einzelfall nicht anders gehandhabt werden mag, sondern der Umstand, dass weder die Notwendigkeit noch der Sinn einer kurzen telefonischen Rückmeldung mit der Bitte um Verschiebung des Termins erkannt wird. Nur vor dem Hintergrund eines polychronen Zeitverständnisses, dass die *legitime*, also sozial anerkannte Gleichzeitigkeit von Vorgängen und demzufolge die absolute Flexibilität hinsichtlich zeitlicher Übereinkünfte als natürlich empfindet, wird der gesamte Zusammenhang der beschriebenen Situation für den westlichen Betrachter nachvollziehbar. Dass Letzterer sich zunächst mit Unhöflichkeit, Provokation und in zugespitzten Situationen mit „unterentwickelter Mentalität" konfrontiert sieht, ist die Kehrseite und die Basis für die Entstehung vieler Heterostereotypen, die grundsätzlich eine Bewertung nach je eigenem Referenzrahmen implizieren.

<u>Fallbeispiel 2</u>

Der deutsche Gründungsdekan der School of Humanities & Natural Sciences wagte im Bewusstsein der aus westlicher Sicht problematisch zu handhabenden Sitzungstermine des Fakultätsrates den Versuch, dass im deutschen Hochschulalltag vertraute *cum tempere* offiziell mit der Absicht einzuführen, sich dem Zeitempfinden der äthiopischen Kollegen durch Flexibilität anzunähern und somit einen ungefähr verlässlichen Beginn von Sitzungsterminen zu erreichen. Die äthiopischen Kollegen erschienen gleichwohl nach wie vor gemäß ihrem eigenen Zeitempfinden. Befragt, warum sie die Möglichkeit einer 15-minütigen Bandbreite nicht als Novum aufgriffen, brachten sie zum Ausdruck, dass sie diese Methode des Dekans als Bestätigung ihrer Art und Weise der Wahrnehmung zeitlicher Vereinbarungen verstanden hätten und nicht als Versuch, unterschiedliche Welten es Umgangs mit Zeit durch kompromissbasiertes Entgegenkommen zu vermitteln. Die in der Folge vom Dekan angewandte Methode, wenigstens vor von ihm als wichtig eingestuften Sitzungsterminen mehrfach per SMS und direktem telefonischen Kontakt zeitnahes Erscheinen zu erreichen, erwies sich partiell als wirksamer.

Die direkte, persönliche Ansprache per SMS und Telefonat führte im Bewusstsein des Angesprochenen zu einer Priorisierung innerhalb der Menge gleichwertiger Anforderungen. Die im Telefonat abgerufene *persönliche* Beziehungsebene führte dazu, dass dem Sitzungstermin *wegen* der persönlichen Ansprache und nicht aufgrund einer plötzlichen Verinnerlichung des monochronen Zeitverständnisses oder der möglichen Relevanz zu behandelnder Sitzungsthemen Vorrang eingeräumt wurde und bewirkte in der Folge ein – im westlichen Sinne – zeitnahes Erscheinen. Es wäre jedoch eine Fehlannahme, in dieser Methode eine angewandte Vermittlung zwischen polychronem und monchronem Zeitverstehen erkennen zu können. Im Kern handelte es sich um eine rein taktische Variante *innerhalb* des polychronen Bezugssystems, die sich auf funktionaler Ebene der Modi des Systems bediente. Der deutsche Gründungspräsident, der campusweit hohes Ansehen und Anerkennung genoss, war unter anderem mit Blick auf Rektoratssitzungen mit dem gleichen Phänomen der nach westlichem Verständnis chronischen Unpünktlichkeit seiner Vize-Präsidenten konfrontiert; das geschilderte Fallbeispiel offenbarte sich somit nicht nur für nachgeordnete Hierarchieebenen als typisch.

Das von Hall präsentierte Gegensatz-Paar *Monochronität* und *Polychronität* bedarf einer weiteren Differenzierung, insbesondere vor dem Hintergrund des äthiopischen Kontextes, den D. N. Levine treffend charakterisiert: „In the Abyssinian world view, time is not rationalized for secular purposes. […] The religious calendar, the most important dimension of time /…/ consists of a series of epicycles, […] time is thus essentially cyclical. […] Time […] is thus not a morally indifferent and qualitatively undifferentiated continuum. It is a series of occasions with more or less sacred significance. These occasions are arranged in the form of cycles" (Levine 1972, S. 72–73). Levines Ausführung erlaubt es, die als polychron definierte Zeitorientierung mit zyklischen Rhythmen des Naturkreislaufes und der darüber geformten Symbolisation in Beziehung zu setzen. Zyklische Zeit hat ihren Ursprung in kosmischen und vitalen Rhythmen; die kosmischen Zyklen der Himmelskörper und der Erde korrespondieren mit Mondstellung, Tag/Nacht-Wechsel und den Jahreszeiten, und die natürlichen biologischen Prozesse der körperlichen Reproduktion orientieren sich an diesen Rhythmen. An Zyklen ausgerichtetes Zeitbewusstsein unterstellt eine kontinuierliche Gebundenheit zwischen Subjekt und Natur[21] und korreliert mit Strukturen einer Agrargesellschaft, wo Produktion

---

21 Vgl. hierzu auch F. Robles: „In der vorherrschenden westlichen Erkenntnisauffassung von Weltstrukturen wird in der Relation Subjekt-Objekt der Akzent auf das Objekt

bzw. Reproduktion im Sinne der Subsistenzsicherung in einem traditionellen Kontext mit spezifischen, naturgebundenen Rhythmen vonstatten geht. Dieser Kontext unterscheidet sich grundlegend von dem der industriellen Produktion von Stückzahlen und dem ihr innewohnenden, arbeitsteiligen Interaktionsmodus mit einhergehender „unnatürlicher" Vertaktung von Zeit.

Das spätestens mit den Industrialisierungs- und technischen Innovationsschüben im 20. Jahrhundert in Europa allgegenwärtige rationale Zeitbewusstsein zeichnet sich durch eine gradlinige Zukunftsbezogenheit aus. Dieses Bewusstsein ist zum einen dem kausalen Denken der Naturwissenschaften sowie deren Anwendung in der Technik geschuldet; zum anderen ist die Kausalität immer auch Ausdruck einer mentalen Disposition, in der das europäische religiöse Referenzsystems seinen Niederschlag findet: Die heilsgeschichtlichen und eschatologischen Vorstellungen von Judentum und Christentum implizieren eine teleologische Ausrichtung geschichtlicher Entwicklung, an deren diesseitigem Ende sich Heilserwartung erfüllt und Geschichte als linearer Prozess sich vollendet. Linear ausgerichtete Gesellschaften[22] fassen Zukunft fast ausnahmslos als kalkulierbar und ausrichtbar auf, und dem kontinuierlichen Fortschreiten von Geschichte ist die Vorstellung von der Unwiederholbarkeit von Episoden oder Phasen eigen. Hierzu konträr verhalten sich die Grundeigenschaften der Zyklizität. Eine auffallende Eigenschaft zyklischer Gesellschaften ist der nicht-kumulativ vermittelte Sinn ihrer Geschichte, wie sich im Erzählen historischer Episoden aus dem Fundus von Mythen erkennen lässt. In der Wahrnehmung des Einzelnen und der Gruppe ist immer die Möglichkeit der zyklischen Wiederholung des Geschilderten gegeben, was eine Verminderung der Zukunftsbezogenheit mit sich bringt. Menschen, die sich in einem zyklischen Bezugssystem bewegen und kommunizieren, demonstrieren häufig eine verblüffende Präsenz ihrer Mythen, die als grundsätzlich wiederkehrend erlebbare Erfahrungen aktualisiert werden können und somit nicht als einer abgeschlossenen Vergangenheit angehörig aufgefasst werden. Im konkreten Erleben emphatisch geschilderter mythischer Episoden oder herausragender Ereignisse erscheint die chronologische Anordnung und damit die Linearität der Narration eher belanglos zu sein. J. Assmann beschreibt diese Zusammenhänge entlang der Frage, wie sich das kulturelle

---

gesetzt. Eine dominierend realistische, pragmatische und positivistische Einstellung unterschätzt die Rolle des erkennenden Subjekts" (Robles 1982, S. 223).

22 Vgl. hierzu auch M. Foucault: „Man muss sich von einer simplifizierenden linearen Geschichtskonzeption hüten. Man hält es für ein spezifisch historisches Problem, wie ein bestimmtes Faktum einem anderen folgt, aber man sieht nicht das Problem […] nämlich wie zwei Ereignisse gleichzeitig sein können" (Foucault 1974, S. 14–15).

Gedächtnis einer Gesellschaft konstituiere und wie für das Kollektivgedächtnis konkrete Orientierung zustande komme. Er bemerkt, „Erinnerungsfiguren wollen [...] in einer bestimmten Zeit aktualisiert sein, sind also [...] *zeitkonkret* [m. Herv.], wenn auch nicht immer in einem [...] historischen Sinn", weiter heißt es „durch [...] Anklammern an urzeitliche oder hervorragende Ereignisse als auch durch den periodischen Rhythmus des Erinnerungsbezugs [...] vollzieht sich der Prozess der Überlieferung in der Form der Wiederholung [...] Vergangenheit entsteht nicht von selbst, sondern ist das Ergebnis einer kulturellen Konstruktion und Repräsentation" (Assmann 2013, S. 38, 89, 88).

Der Exkurs zu den Attributen des zyklischen und des linearen Zeitempfindens unterstreicht, dass die unterschiedlichen Einstellungen zur Zeit „weitgehend die Konstitution von sinnhaften Deutungsschemata [bestimmen] und [...] für die kognitive Leistung des Bewusstseins determinierend [sind]" (Robles 1982, S. 222). Vor diesem Hintergrund wird der Bezug zur Alltagspraxis in der Entwicklungszusammenarbeit am Beispiel der von westlichen Experten gerne monierten Unpünktlichkeit der einheimischen Kollegen deutlich; F. Robles: „In vielen Entwicklungsländern ist das Phänomen der Unpünktlichkeit dadurch zu erklären, dass die zyklische Zeitform im Bewusstsein so verinnerlicht ist, dass die Auferlegung der Linearität nur ein oberflächliche Herrschaft der Pünktlichkeit darstellt. Die Reminiszenzen der zyklischen Orientierung bleiben in einer ‚impliziten' Unpünktlichkeit bestehen" (Robles 1982, S. 217). Anders formuliert: Trotz erkennbarem, wenngleich zaghaftem Fortschritt im industriellen Sektor und erkennbaren strukturellen Merkmalen von Modernität, wie sie etwa in Äthiopien gegeben sind, vollziehen sich Veränderungen in der wahrnehmbaren physischen Umwelt und der mentalen Disposition nicht deckungsgleich. Residuen angestammten Verhaltens bleiben gleichlaufend zu Neuerungen erhalten; die Asymmetrie erweist sich als resistent bzw. demonstriert einen beachtlichen „Halbzeitwert", der sich nur über längere als mit Projektlaufzeiten gegebenen Horizonten allmählich abbauen dürfte. Die zyklische Wahrnehmung verhält sich gegensätzlich zum „modernen" Bewusstsein, dessen Verinnerlichung erst die adäquate Matrix für die Funktionsweisen moderner Industriegesellschaften bereitstellt.

3.3.2 Klientelismus

Das Motto „Eine Hand wäscht die andere" dient häufig der Charakterisierung traditioneller Abhängigkeits- und Solidaritätsbeziehungen in Entwicklungsländern, die von westlichen Beobachtern in der Regel als Vetternwirtschaft oder Korruption tituliert werden. Klientelbeziehungen treten besonders in feudal geprägten

Agrargesellschaften und auch in Transformationsgesellschaften zuallererst als klassisches Muster eines personalisierten, ungleichen Abhängigkeitsverhältnisses zwischen *Patron* und *Klient* in Erscheinung. Dabei besitzt Ersterer die Verfügungsgewalt über bestimmte, nachgesuchte Ressourcen politischer, wirtschaftlicher oder kultureller Art – wie etwa Landbesitz oder die Macht der Einflussnahme -, zu denen er seinen Klienten Zugang ermöglicht. Als Gegenleistung bzw. „Austauschgut" erhält er Respektbezeugung, Gefolgschaft und Loyalität. Es handelt sich um eine direkte soziale Austauschbeziehung. Typisch ist der informelle Charakter dieses von gegenseitiger Vorteilnahme gekennzeichneten Verhältnisses, das im Kern aber eine asymmetrische Machtverteilung zugunsten der ranghöheren Person oder Organisation impliziert und die niedriger gestellte Seite gleichsam „willfährig" hält. Diese Nahtstelle führt zur Abgrenzung vom Lobbyismus, für den Reziprozität auf Augenhöhe eher ein typisches Merkmal ergibt. Dass Übergänge zur Korruption fließend sind, bedarf nicht der besonderen Erwähnung, jedoch lässt sich Klientelismus weder als Phänomen noch als Begriff der Einfachheit halber mit Korruption gleichsetzen, noch wäre eine Begrenzung auf den agrarischen Produktionsbereich zutreffend, sondern eher der Hinweis, dass in Ermangelung zivilrechtlicher Strukturen und rechtlicher sowie sozialer Sicherheit – gerade in Gesellschaften, die eine Transformation vollziehen – Klientelismus durchaus auch als Modus der Solidaritätsbezeugung in Erscheinung tritt.

Wie aber wurden diese Zusammenhänge am Beispiel der Adama University greifbar?

Fallbeispiel 1

Mit der Amtsübernahme eines neuen, von außerhalb des Campus rekrutierten äthiopischen Vize-Präsidenten an der Adama University zeigte sich allmählich, dass die in Abständen immer wieder apostrophierte Reform der Universitätsverwaltung noch stärker stagnierte als zuvor. Der aufgeblähte und mit wenigen Ausnahmen ineffiziente administrative Apparat, der unter anderem die klassischen Abteilungen wie Personalwesen, Beschaffung und Haushalt umfasste, erhielt bei Neuausschreibungen erkennbar die qualifiziertesten Sekretärinnen und nach örtlichen Maßstäben häufig eine beachtliche Ausstattung zum Leidwesen der eher unterversorgten Fakultäten. Nach einiger Zeit wurde von äthiopischen Kollegen und Kolleginnen in Gesprächen der Gedanke transportiert, dass die Familienbande des neuen Vize-Präsidenten weitreichend seien, er in der Vergangenheit ein politisches Amt bekleidet habe und die Neueinstellungen sowie Beförderungen der jüngsten Vergangenheit zugunsten der erweiterten Großfamilie bzw. Verwandtschaft und gesinnungsmäßig verbundenen Personen vonstatten gegangen seien. Auf die Frage einer der deutschen Dekane, ob etwas dagegen getan werden könne, erfolgte die Antwort: „This is our culture!". Dabei war interessanterweise kaum versteckte Ablehnung des von westlichen Beobachtern als Nepotismus bezeichneten Zustandes erkennbar sondern eher Bedauern, nicht Teil des „Netzwerkes" zu sein.

Von Interesse ist vor allem die Beurteilungsebene des geschilderten Sachverhaltes, die auf äthiopischer Seite eher von Verständnis, Bedauern des eigenen Ausgeschlossenseins und offenkundig auch Verlangen nach Teilhabe am Privilegiertenstatus gekennzeichnet war als von moralischer Entrüstung oder Bereitschaft, die von der äthiopischen Bundesregierung eingesetzten Anti-Korruptionsagenturen zu informieren[23]. Die informellen, in hohem Grade personalisierten Handlungsstrategien werden für die Artikulation von Bedürfnissen und die Verfolgung von Interessen als geeignet und als Bestandteil des eigenen sozio-kulturellen Erbes aufgefasst. Gleichwohl entspräche es nicht der Palette möglicher weiterer Reaktionen, würden die im Fallbeispiel geschilderten affirmativen Reaktionen als ausschließlich repräsentativ gewertet: Eine umfangreiche sozialwissenschaftlich fundierte Erhebung erlaubte eher die Annäherung an repräsentative Durchschnittswerte in einer Befragung über den Stellenwert traditioneller Abhängigkeits- und Solidaritätsbeziehungen in Äthiopien. Dennoch ist der Stellenwert der geschilderten Reaktionen für die Funktionsweise sozialer Organismen und ihr Kontrast zu westlich vermittelten Effizienz- und Transparenzindikatoren bedeutsam. Das folgende Beispiel zeigt bereits eine anders schattierte Manifestation es gleichen Phänomens, je nach Betrachterstandpunkt.

Fallbeispiel 2

Gemäß dem der Reform an der Adama University zugrunde liegenden *Framework* wurden die Fakultäten von einem Tandem-Team, bestehend aus dem deutschen Gründungsdekan und dem äthiopischen *Counterpart*-Dekan, geleitet, wobei der deutschen Seite für die ersten Jahre das Führungsmonopol zugeschrieben war. An zwei der insgesamt vier auf dem Hauptcampus gelegenen Fakultäten handelte es sich bei den äthiopischen Dekanen um Angehörige einer Minderheiten-Ethnie bzw. Sub-Ethnie, d.h. um zahlenmäßig und im politischen Geschehen eher unbedeutende Ethnien im Zentrum der vom Anspruch her von den Oromo, der zahlenmäßig stärksten Ethnie Äthiopiens, vereinnahmten Stadt Adama. Die Stammgebiete der Minderheiten befanden sich zudem in geographisch großer Distanz. Vor diesem Hintergrund verfügten beide Dekane über keine Hausmacht, bzw. kein klientelistisch verbundenes Umfeld, das ihre

---

23 Auf welche Weise personalisierte Abhängigkeitsverhältnisse sich auf der politischen Bühne manifestieren, ist nicht Gegenstand der vorliegenden Untersuchung. Mit C. Geertz sei dazu angedeutet: „One of the things that everyone knows but no one can quite think how to demonstrate is that a country's politics reflect the design of its culture […] the stream of events that make up political life and the web of beliefs […]" (Geertz 1973, S. 311). D. N. Levine konstatiert mit Blick auf die politische Dominanz der amharischen Eliten Äthiopiens direkter: „The Amhara political system was based […] on an interlocking hierarchy of patron-client relationsships" (Levine 1972, S. 267).

persönlichen Begehren hätte transportieren können. In der Folge erkannten Sie ihre einzige Möglichkeit, in vielfacher Hinsicht zu reüssieren darin, sich mit den deutschen Dekanen und deren positionsbedingten Macht zu verbünden. Solange die deutschen Dekane unangefochten ihre Positionen einbringen konnten, war diese Konstellation für die beiden äthiopischen *Counterparts* dienlich und erkennbar von Vorteil. Als jedoch an einer der beiden Fakultäten der deutsche Dekan von zentraler Universitätsebene, der nach Weggang des deutschen Gründungspräsidenten ein äthiopisches Interimspräsident vorstand, sowie von seinem Lehrkörper angefochten wurde, und sein Ansehen und sein Gestaltungsspielraum schrumpften, verlor sein äthiopischer *Counterpart* seine Deckung, wurde kurze Zeit später abrupt abgesetzt und in Reih und Glied des Lehrkörpers verwiesen. Offizielle Gründe wurden campus-intern nicht publik gemacht. Im zweiten Fall hatte der äthiopische *Counterpart* seine mit Blick auf den deutschen Dekan gedeckte Position vielfach genutzt, um den von deutscher Seite vorgegebenen Reformrhythmus, der häufig genug quer zu Interessen vieler in der äthiopischer Gesamtbelegschaft lief, sich tatkräftig zu eigen zu machen. Kurze Zeit nach Vertragsende des deutschen Dekans, wurde der Betroffene abgesetzt. Allein die Betroffenen wussten den Kontext adäquat zu interpretieren: Ihr Status, der sie im Kontext äthiopischer Abhängigkeits- und Solidaritätsbeziehungen als Außenseiter charakterisierte, bedeutete grundsätzlich eine potentielle Bedrohung der ansonsten klientelistisch vermittelten, prästabilierten Ordnung. Diejenigen hingegen, die aufgrund ihrer ethnischen Zugehörigkeit daran partizipieren konnten, waren durch ihre je persönlichen Interessen gebunden und somit verlässliche Garanten, die zudem begehrte Pfründe, wie das Dekansamt, im eigenen Einzugsbereich zu halten wünschten.

Die in klientelistischen Beziehungsformen zum Ausdruck kommende zielgerichtete Befriedigung von Bedürfnissen ist demnach nicht nur materieller Natur, sondern familiäre, ethnische und gruppenspezifische Loyalitäten sind betroffen. Eine Verquickung öffentlichen Wirkens, wie dies etwa an einer Hochschule der Fall ist, mit familiären Bindungen dient letztendlich der obligaten Fürsorge für die eigene Bezugsgruppe, die in erster Linie familiär vermittelt ist. Zugleich aber ist der Einzugsbereich einer in diesem Sinne als „Großfamilie" geltenden Bezugsgruppe ungleich größer als im Kontext westlicher Gesellschaften. D. N. Levine beschreibt den äthiopischen Kontext wie folgt: "Its main axis of organization, rather, is that of a highly personal relationship between superior and subordinate, with the subordinate existing essentially as an extension of the ego of the superior […] Within the segments of superior-subordinate relations – husband-wife, father-son, master-servant, teacher-pupil […] elder-young domination is virtually unlimited. Thus the main social restraints are in the form of repressive obligations" (Levine 1972, S. 274). Diesen Modus anders gearteter sozialer Organisation pejorativ zu bewerten, ist aus der Perspektive eines von Zweckrationalität, Säkularisierung und demokratischer Kontrolle bestimmten Referenzsystems naheliegend. Ein in diesem Sinne bloßer Akt der Bewertung führte jedoch zu keinen brauchbaren Ergebnissen, weder hinsichtlich eines besseren Verständnisses der betroffenen Gesellschaft noch mit Blick auf die Umsetzung von Entwicklungsvorhaben vor Ort. Dessen ungeachtet gilt, was Levine bereits vor nahezu fünf Jahrzehnten konstatierte und für den heutigen Beobachter zugleich die Erkenntnis bedeuten mag, dass kurzfristig bemessene Zeitachsen für mentale Veränderungsprozesse unrealistisch erscheinen:

> "While the traditional authoritarian approach may for some time to come be the most ready method of mobilizing energies for social development, it alone cannot meet all the organizational needs of changing Ethiopia. One reason is that its effects are not continuous. To a large extent it depends on the whim and the physical presence of the relevant authority figure", und weiter heißt es, "[…] modernization is unthinkable without a significant increase in solidaristic sentiments and rationalized organization" (Levine 1972, S. 276, 283)

Formen rational vermittelter gesellschaftlicher Organisation lassen sich nicht verordnen, weil personale Beziehungsstrukturen in der Tradition ihre Wurzeln haben, und dies nicht grundlos: Sie entsprechen einer spezifischen Weltsicht und stellen eine kongruente Reaktion dar: „Klientelbeziehungen entsprechen einer bestimmten, historisch und kulturell gewachsenen Wirklichkeitsdefinition, sie sind auch nicht als Überbleibsel aus einer Zeit des geringen sozialen Wandels verstehbar, sie sind kein statisches System, sondern gerade eine *Anpassungsstrategie*, […] um auftretende[n] Unsicherheiten zu mildern und durch personale Beziehungsgefüge zu manipulieren und damit überschaubar zu machen" (v. d. Ohe 1982, S 59).

Durch exogen, im Rahmen von Technologietransfer intendierten sozio-kulturellen und ökonomischen Wandel können immer dann Bewusstseinskollisionen auftreten, wenn die durch Sozialisation tradierten Strategien und Kompetenzen der gesellschaftlichen Individuen sich in einer veränderten gesellschaftlichen Umwelt als nicht mehr tragend erweisen, wozu der Kontext von angewandter (und nicht als bloßes Statussymbol nationaler Eliten dienender) Technologie und modernen arbeitsteiligen Wirtschaftsweisen mit dem Ziel einer Devisen generierenden Produktion prädestiniert ist. Die eigene Identität und die Verortung des angestammten sozialen Raums erodiert, *kognitive Dissonanz* (Laaser 1980, S. 22), bzw. das Empfinden des Abgespaltenseins von den bodenständigen kultureigenen Normen, Werten und Bedürfnissen können Folgeerscheinungen sein (vgl. Laaser 1980, S. 22): „Als Ausdruck der Entfremdung einzelner sozialer Gruppen kann die häufig in der Dritten Welt konstatierte Erscheinung von ‚Verweigerung' und ‚Apathie' gelten. Dieses im Sinne von Modernisierungsplänen dysfunktionale Verhalten wird von einigen Ethnopsychoanalytikern als (aktive oder passive) Abwehr von aufgezwungenen Produktionsweisen, Verhaltenserwartungen und Wertsystemen angesehen."

(v. d. Ohe 1982, S. 16). Traditionelle Abhängigkeits- und Solidaritätsbeziehungen hingegen inkludieren Mechanismen sowohl für die Identitätswahrung durch Teilhabe an der durch das Prinzip des Personalismus geprägten Bezugsgruppe als auch in konkreten Fällen für die ökonomische Absicherung in Zeiten des Umbruchs, in denen anonym vermittelte neue Wirtschafts- und Produktionsverhältnisse in den Vordergrund treten.

Für Gesellschaften, deren Individuen ihre Ich-Identität stärker an einem Kollektiv als Bezugsgruppe ausrichten, und Wohlbefinden durch Identifikation mit anderen und Integration in die Gruppe erreichen, gilt treffend, was J. Assmann ausführt: „Ein Ich wächst von aussen nach innen. Es baut sich im Einzelnen auf kraft seiner Teilnahme an den Interaktions- und Kommunikationsmustern der Gruppe, zu der er gehört, und kraft seiner Teilhabe an dem Selbstbild der Gruppe. Die Wir-Identität der Gruppe hat also Vorrang vor der Ich-Identität des Individuums, oder Identität ist ein soziales Phänomen bzw. ‚soziogen'" (Assmann 2013, S. 130).[24] Die Hinweise zur Identitätsbildung verorten das Phänomen des Klientelismus jenseits des Zugriffs von auf Zuwachs demokratischer Kontrollinstanzen und institutioneller Transparenz fokussierten Ablösungsstrategien. Als zum tradierten Inventar einer Gesellschaft gehörend, sind klientelistische Beziehungen Ausdruck einer kulturellen Konstruktion von Identität, was ihre Resistenz in der Konfrontation mit neuen rational organisierten Regelungssystemen zwischenmenschlicher Beziehungen am Arbeitsplatz erklärt, wie sie etwa Projekte zur institutionellen Reform (z. B. Geschäftsprozessmodulierung in der Zentralverwaltung der Adama University nach sachbezogenen Effizienz- und Transparenzkriterien) darstellen. S. J. Heine und D. R. Lehman sehen in der für westliche Gesellschaften charakteristischen Individualität der gesellschaftlichen Subjekte die Voraussetzung für die Entstehung einer Ich-Identität gegeben, die sich gegenüber kollektiver Vereinnahmung mit „independence, self-sufficiency, and autonomy" in der Konstruktion des Selbst behauptet (Heine 2004, S. 312). Individuen begreifen und erfahren sich demnach, im Gegensatz zur Wir-Identität kollektiv organisierter Gesellschaftstypen stehend, als „independently functioning agents […] who tend to have a sense of identity that is anchored in its internal attributes" (Heine 2004, S. 312).

---

24 Vgl. hinsichtlich des äthiopischen Kontextes D. N. Levine: "The most important single determination of the personality […] appears to be his identification with the parent or parent-figure […] The attainment of ego identity is therefore normally a matter of imitation rather than discovery or invention. It represents an unfolding of dispositions that have been long internalized and steadily nursed by the consistent regards of an approving milieu" (Levine 1972, S. 105).

Dass im äthiopischen Kontext kollektive Orientierung und Klientelismus für Reformvorhaben westlicher Provenienz nicht förderlich sind, und als Korrektiv eine gesellschaftliche Prozesse prägende individuelle Verantwortungsethik vonnöten ist, erscheint plausibel: "it can be argued that individuality [...] an extremely desirable and plausible constituent [...] an indispensable means of accomplishing [...] the goals aspired /.../ by the modernizing elites [...] The weight of [...] tradition opposes [...] [this] [...] The pressures towards conformity and the inhibition of self-expression in most areas of life are [...] characteristic of that tradition" (Levine 1972, S. 284). Das äthiopische Primar- und Sekundarschulsystem, dem als zentrale Sozialisationsagentur die Vermittlung neuer gesellschaftlicher Anforderungen obliegt, in dessen Lernkultur aber weiterhin Repetition und Memorisation als methodisch-didaktische Instrumente dominieren, leistet bislang noch nicht in hinreichendem Maße die Ausprägung, von an Eigenverantwortung orientierten gesellschaftlichen Individuen.

3.3.3 Sprache

E. T. Hall begründete die Interkulturelle Kommunikation als anthropologische Disziplin und konturierte aus dieser Perspektive zwei grundlegende, unterschiedliche Kulturen charakterisierende Konzepte zur Informationsgewinnung und -verarbeitung, die er begrifflich als *high* und *low context* fasst. In einer von schwacher Kontextualisierung des Kommunikationsgeschehens gekennzeichneten Kultur ist ein direkter Austausch zwischen Kommunikationspartnern entlang der Verwendung exakter Begriffe und präziser Beschreibungen von *Sach*verhalten prägend. Der inhaltlich-informative Objektbezug des wechselseitigen Austausches steht im Mittelpunkt. Bezeichnenderweise sieht Hall in den konsolidierten Industriestaaten der nördlichen Hemisphäre, wie den USA oder den nordeuropäischen Ländern, die Prototypen für schwach kontextualisierende Gesellschaften. Im Gegensatz dazu bleibt der Kommunikationsvorgang in stark kontextualisierenden Gesellschaften auf die *Person* und die Umstände der Begegnung im Unterschied zum *Sach*bezug ausgerichtet. Mimik, Gestik, rhetorische Figuren, Status- und hierarchische Aspekte spielen im Unterschied zum begrifflich *ding*festen Inhalt eine vorrangige Rolle, und vielfach kommt dem thematischen Bezug der bei der schwach kontextualisierenden Variante im Vordergrund steht, lediglich eine Trägerfunktion für den interaktiven Prozess des Austausches zu. Die Pflege der persönlichen Beziehung, die wechselseitige Versicherung des auf beiden Seiten gegebenen Rollenverständnisses und somit des spezifischen kulturellen Kontextes sind ausschlaggebend für eine gelungene Kommunikation (vgl. Hall 1981, S. 105–116).

Der Aspekt der Pflege der persönlichen Beziehung und die Nachrangigkeit sachlich inhaltlicher Bezüge im Kommunikationsgeschehen werfen mit Blick auf den Reformalltag an der Adama University die Frage auf, welche Funktion Sprache[25] zukommt und welche rhetorische Figuren die Kommunikation bestimmen. Vom Grundsatz her lassen sich im Vergleich unterschiedlich kontextualisierender Kulturen (*high* und *low context*) kongruente Bezugsebenen von Sprache und Kommunikation nicht unterstellen. Im Rahmen der angestrebten Reformen war zudem auf pragmatischer Ebene von Bedeutung, wie Absprachen zu Planungen, delegierten Aufgaben oder unterschiedliche Erledigungen in einem kulturellen Kontext mit erkennbar anderen Akzentuierungen im kommunikativen Austausch sich darstellen; insbesondere angesichts dem der deutschen Führungsebene zugrunde liegenden Anspruch, sich der verbindlichen Verpflichtung und verlässlichen Erledigung von Angelegenheiten gewiss sein zu können.

Fallbeispiel 1

Am Law Department der School of Humanities & Natural Sciences entstand die Idee, außerhalb des Campus Rechtshilfe für benachteiligte Bevölkerungsgruppen als *community-oriented outreach program* der Fakultät anzubieten in Verbindung mit Praktikaplätzen für höhere Semester im Jura-Studium. Im äthiopischen Kontext, wo bei nur rudimentär ausgeprägten zivilrechtlichen Strukturen Rechtssicherheit kaum durchgängig gewährleistet ist und weite Teile der Bevölkerung geneigt sind, eher traditionelle Vertrauenspersonen auf Dorf- oder Stadtteilebene anstelle staatlicher Einrichtungen der Rechtssprechung zum Zwecke der Vermittlung aufzusuchen, war ein solches Vorhaben erkennbar von hohem innovativen und auch symbolischen Potential und wurde dem entsprechend von den regionalen Regierungsstellen begrüßt, die zugleich Sachhilfe in Form von finanziellen Ressourcen und Büroraum zusicherten. Am Rande sei bemerkt, dass die in Aussicht gestellten Gelder zugleich in Teilen und in Übereinstimmung mit ihrem Verwendungszweck für eine verbesserte Ausstattung der Büros des Law Departments an der Fakultät hätten verwendet werden dürfen, zum einen, um einen Anreiz zu schaffen und zum anderen, um eine Betreuung des Vorhabens auf der Basis professioneller Ausstattung zu gewährleisten. Kurzum, ein hoher *Input* an Anreizen war gegeben. Bedingung für die Abrufung der Mittel war ein stimmiges Konzept, das den

---

25 *Sprache* wird im Folgenden im Sinne der Trichotomie Ferdinand de Saussures als *parole* gebraucht, d.h. die Sprachverwendung, die konkrete sprachliche Äußerung in einem individuellen Willensakt, steht im Zentrum im Unterschied zu *langue* (eine Einzelsprache als System) und *language* (das biologische Sprachvermögen). *Parole* ist die Umsetzung des sprachlichen Systems (*langue*) (Saussure 1973) bzw., wie J. L. Austin in seiner Begründung der Sprechakttheorie hervorhebt, stellt eine Äußerung immer eine Handlung dar (vgl. Austin 1972).

involvierten regionalen Gerichtshöfen sowie einer zentralen Koordinierungsstelle an der Universität in der Hauptstadt zur Prüfung vorgelegt werden sollte. Der deutsche Gründungsdekan führte im Fakultätsrat eine Entscheidung zum Vorhaben herbei, und die anschließende Aufgabenverteilung, unter anderem zwecks Vorbereitung des Konzeptes, war von hoher rhetorischer, mitunter übertrieben anmutender Bekräftigung zum jeweils persönlichen Engagement begleitet. Bei der nach Monatsfrist stattfindenden Sitzung des Fakultätsrates wurde vom Dekan der vereinbarte Sachstandsbericht zum Vorhaben aufgerufen mit dem Ergebnis einer allgemeinen Verwunderung. Man habe doch dem Vorhaben zugestimmt und auf Abteilungsebene alle Ämter wie das des Projektleiters, des Schatzmeisters und des Protokollführers besetzt. Der Hinweis des Dekans, dass die *Sache* tatsächlich auch umgesetzt werden müsse und demzufolge, einzelne Schritte in dieser Hinsicht abgearbeitet werden müssten, zudem fristgerecht hinsichtlich eines möglichen Verfalls der Mittel, wurde mit Verblüffung quittiert. Dieses Prozedere wiederholte sich über einen längeren Zeitraum. Schließlich, nach einem für westliche Betrachter unangemessen langen Zeitraum und unter dem Druck des Dekans, der gegenüber der Universitätsleitung in der Pflicht stand, wurden allererste Schritte der Umsetzung erreicht.

Die Darstellung lässt sicherlich unterschiedliche Ansätze für eine Analyse zu. So zum Beispiel könnte das den äthiopischen Kollegen eigene, anders geartete Zeitverständnis herangezogen werden oder die Vermutung geäußert werden, dass anderer, mit lukrativem Zusatzeinkommen außerhalb des Campus gegebener Nebenerwerb die Kollegen von den Zusatzaufgaben der Planung abhielt. Jedoch der Umstand, dass eine hohe Motivation, einhergehend mit geschäftigen Treiben und „Überstunden" nach Dienstschluss auf Abteilungsebene, erkennbar war, viel Zeit für die Wahl der oben erwähnten Ämter bzw. Posten investiert wurde und zudem der von aufwendiger Rhetorik begleitete Zuspruch zum Vorhaben beständig gegeben war, rückt einen anderen Aspekt in den Vordergrund: den Kontrast zwischen *sprachlich formulierter Absicht* und *ausgeführter Handlung* im Sinne einer praktischen Umsetzung des gegebenen *Sach*verhaltes.

Wohlgemerkt, es wurde „gehandelt"; eine Reihe von Aktivitäten trat zutage, denen aber ein gemeinsames Merkmal eigen war: Die tatsächlich vollzogenen Aktivitäten dienten dazu, den Handelnden Bedeutung zuzumessen und dienten durch die Wahrnehmung von Ämtern und Funktionen der Untermauerung des eigenen Status; die bloße „Bekleidung" eines Amtes, wie etwa das des Schatzmeisters, tat dem Anspruch an „Handlung" genüge. Die vermittelnde Rolle zwischen dem, vom Dekan vertretenen „Anspruch von der Sache" her und der „nicht erfolgenden Umsetzung" leistete die Sprache. Ihre Funktion bezüglich des hier gegebenen Kontextes soll im Folgenden näher beleuchtet werden; zunächst jedoch sei ein weiteres Fallbeispiel angeführt.

Fallbeispiel 2

Der deutsche Gründungsdekan der School of Humanities & Natural Sciences begab sich zu dem ihm gut bekannten und freundlich zugetanen Leiter der Beschaffungsabteilung, die organisatorisch der zentralen Universitätsverwaltung unterstand. Er fragte nach, ob ein metallener, abschließbarer Bürocontainer im Lager vorhanden sei und erwähnte, dass er diesen im Dekanat dringend für die sichere Ablage von Verschlusssachen benötige. Der Dekan handelte in dem Bewusstsein, dass die persönliche Kontaktaufnahme, insbesondere von ranghöheren Personen mit formal nachgeordneten Kollegen und die somit zum Ausdruck kommende Höflichkeits- und Respektbezeugung die Realisierungschancen des beabsichtigten Anliegens erhöhen kann. Der Abteilungsleiter begrüßte den Dekan sehr herzlich, und beide versicherten sich zunächst eine ganze Weile wechselseitig ihres Wohlbefindens, das auf die jeweiligen Familienangehörigen ausgedehnt wurde. Nach dieser, im äthiopischen Kontext wichtigen kommunikativen „Einleitung" und der wiederholten Nachfrage des Dekans bezüglich des Bürocontainers, erklärte der Abteilungsleiter mit strahlendem Gesichtsausdruck, dass der Container dem Dekan gegeben werde. Der Dekan, fragte sicherheitshalber nach, ob der Container tatsächlich im Lager vorrätig sei und erhielt eine bekräftigende Bestätigung. Nachdem eine Woche vergangen war und kein Bürocontainer im Dekanat eingetroffen war, fragte der Dekan telefonisch nach dem Verbleib der Lieferung und erhielt vom Leiter der Beschaffungsabteilung die Antwort, dass der Container doch erst bestellt werden müsse. Auf die Frage des Dekans, wieso er beim ersten Gespräch nicht mitgeteilt habe, dass er Gegenstand zunächst beschafft werden müsse und folglich erfahrungsgemäß viel Zeit vergehen werde, erhielt er die emphatisch vorgetragene Antwort: "But, Professor, we always must order things first, but I *want* to give the furniture to you immediately!"

Von Interesse ist hier der Umstand, dass aufgrund der persönlichen, positiv besetzten Kommunikation zwischen Abteilungsleiter und Dekan, Ersterer den Sachbezug, d.h. *gegenständlichen* Inhalt des Gespräches, zugunsten eines gelungenen, von erfahrbarer, wechselseitiger Zuneigung bestimmten Austausches als nachrangig vielleicht sogar als bedeutungslos einordnete. Dies wohl auch aufgrund des Wissens, dass Beschaffungsvorgänge eingedenk der enormen Bürokratisierung vor Ort ein vom Ausgang her gänzlich unsicheres Unterfangen darstellen. Wieso also von daher die harte Realität dem als sympathisch wahrgenommenen Gegenüber vor Augen führen, wo doch ein angenehm verlaufendes Gespräch ein wertvolleres und im Gegensatz zum Bürocontainer greifbares Gut darstellt[26].

---

26 Vgl. G. Hofstede: „Die in kollektivistischen Kulturen verbreitete Tendenz, direkte Verneinungen zu vermeiden und Zusagen eher zur Wahrung zwischenmenschlicher Harmonie anstatt zur verbindlichen Bestätigung [...] zu treffen" (Hofstede 1993, S. 75, 84). Die Erhebungen von M. Hermeking führen zu einem ähnlichen Tenor: „Bemühung um

Man ist geneigt, mit N. Luhmann anzumerken: „Kommunikation ist koordinierte Selektivität" (Luhmann 1984, S. 212). Auch anhand dieses Beispiels wird die vermittelnde Rolle von Sprache zwischen Erwartungshorizont auf der einen Seite und der Absichtshaltung auf der anderen deutlich. Aus sprachtheoretischer Perspektive rückt dabei eine spezifische Funktion von Sprache in den Vordergrund, die nachfolgend thematisiert werden soll. Sie dient letztendlich als Verweis auf die in der Entwicklungszusammenarbeit gerne zitierten Verständnisschwierigkeiten zwischen ausländischen Experten und einheimischen Kollegen. Sprache bildet nicht nur Spezifika einer Kultur ab, sondern formt diese zugleich im Prozess der symbolischen Repräsentation; sie ist stets konstitutives Element einer Kultur: "Language is a carrier of cultural meanings […] through communication, private, idosyncratic representations will be transformed into public, shared representations, which in turn form the cognitive foundation of culture" (Lau 2004, S. 77–78).

Wendet man sich den Funktionen von Sprache zu, so stehen nicht ihre innersprachlichen Funktionen im Mittelpunkt sondern jene, die sie als Ausdrucksmittel im kommunikativen Geschehen zwischen Sender (Emittent) und Empfänger (Rezipient) charakterisieren. Im vorliegenden Kontext geht es um kulturspezifische Sprachverwendungsmuster[27]. Das Organon[28]-Modell des Wiener Psychologen Karl Bühler (Das Folgende nach Bühler 1982, S. 24–33) gilt als grundlegende Referenz für die Klassifikation von Sprachfunktionen und als Vorläufer des informations-theoretischen Kommunikationsmodells. Bühler klassifiziert drei semantische Funktionen von Sprache als Zeichensystem: *Darstellung*, *Appell* und *Ausdruck*. In dem sich Sprache auf Gegenstände oder Sachverhalte der Wirklichkeit bezieht, ist sie „Symbol" und hat Darstellungsfunktion im Kommunikationsvorgang. Dient sie als „Signal", in dem sie an den Rezipienten appelliert, ihn zu etwas auffordert oder beabsichtigt, bestimmte verhaltens-, oder gefühlsmäßige Reaktionen zu bewirken, kommt ihr Appellfunktion zu. Die Ausdrucksfunktion von Sprache kommt zur Geltung, wenn sie als „Symptom" die innere Befindlichkeit, die Gefühle, des Emittenten abbildet. Die Einbeziehung der Ausdrucksfunktion und der Appellfunktion dient Bühler dazu, die Dominanz der Darstellungsfunktion zu relativieren und somit den Kommunikationsvorgang

---

die ‚Wahrung des Gesichts' […] welche[s] in kollektivistischen Kulturen respektive ‚Schamkulturen' besonderes Gewicht hat." (Hermeking 2001, S. 102).
27 Zum Thema kulturspezifische Sprachverwendungsmuster vgl. insbesondere Heymes 1971.
28 Benannt nach Platons Dialog *Kratylos*, der sprachphilosophische Themen aufgreift und die Bedeutung sprachlichen Ausdrucks behandelt. Eine der im Werk auftretenden Dialogfiguren ist Sokrates, der *Organon* (Werkzeug) als Bezeichnung für das Wort verwendet.

differenzierter, d. h. jenseits der bloß gegenstands- oder sachbezogenen Ebene zu erfassen, was hinsichtlich der oben angeführten Fallbeispiele von Relevanz ist. Zwar sind im konkreten kommunikativen Geschehen stets alle genannten Funktionen gegenwärtig, jedoch situationsbedingt mit unterschiedlicher Gewichtung. Bühlers Modell weist eine hohe Nützlichkeit für die Beschreibung der Prozesse verbaler und non-verbaler Kommunikation auf und erlaubt es, Mimik, Gestik und Sprechweise, die jenseits der rein gegenstands- oder sachbezogenen Ebene angesiedelt sind, einzubeziehen. In der Reihe der Weiterentwicklungen des Bühlerschen Klassifikationsmodells sind vor allem die Ausführungen von Roman Jakobson dienlich (Das Folgende nach Jakobson 1966, S. 350–377). Jakobson unterscheidet zunächst grundsätzlich zwischen dem nachrichtlichen, gegenstandsbezogenen Aspekt und dem außersprachlichen Aspekt von Sprache. Unter den sechs Funktion[29] Jakobsons, die der Sichtung der konstitutiven Faktoren von Sprechakten dienen, ist besonders die *phatische* im Kontext der Fallbeispiele aufschlussreich; sie umschreibt die bloße Herstellung und die Aufrechterhaltung des kommunikativen Sprechaktes. Auch die Illotionstypologie John Searles[30] übernimmt die Bühlerschen Grundfunktionen; seine Klassifizierungen *repräsentativ*, *expressiv* und *direktiv* lassen sich auf die Sprachfunktionen *Darstellung*, *Ausdruck* und *Appell* Bühlers beziehen.

Zum vertiefenden Verständnis der beiden angeführten Fallbeispiele wäre es aus sprachtheoretischer Sicht sinnvoll, von der reinen *Darstellungs*funktion im Bühlerschen Sinne (bzw. *referentiellen* Funktion bei Jakobson) abzusehen – sie würden die klassischen Verständnisschwierigkeiten zwischen unterschiedlichen Kulturen nicht entschlüsseln können – und die *Appell*funktion und die *Ausdrucks*funktion

---

29 Die *referentielle* Funktion entspricht der *Darstellungs*funktion Bühlers und verweist auf den Gegenstandsbezug. Die *emotive* Funktion bezieht sich auf den Emittenten und entspricht der Bühlerschen *Ausdrucks*funktion. Die *konative* Funktion ist auf den Empfänger ausgerichtet und entspricht der *Appell*funktion Bühlers. Ferner führt Jakobson eine *phatische* Funktion an, die der bloßen Herstellung und der Aufrechterhaltung des kommunikativen Sprechaktes dient. Die *metalinguale* Funktion thematisiert Sprache als Objekt, d. h. nicht der Bezug zur außersprachlichen Wirklichkeit rückt ins Blickfeld sondern einzelne Elemente oder Kategorien (z.B. grammatikalische Aspekte) von Sprache. Die *poetische* Funktion schließlich fokussiert auf die sprachästhetische Seite, wobei die besondere Selektion und Kombination von sprachlichen Elementen in Betracht gezogen wird und so den Poetizitätsbegriff Jakobsons bestimmt, der die internen Relationen der sprachlichen Zeichen akzentuiert und von referentiellen und kommunikativen Bezügen absieht.

30 Der illokutionäre Zweck einer Sprechhandlung bedeutet bei Searle die kommunikative Absicht, die ein Sprecher seiner Äußerung zugrunde legt (Searle 1969).

Bühlers (bzw. *konative* und *emotive* Funktion bei Jakobson) sowie die *phatische* Funktion Jakobsons in den Mittelpunkt zu stellen. Es ergäbe sich folgendes analytische Szenarium:

Die *phatische* Funktion lässt sich im Fallbeispiel 2 im langen Austausch von Begrüßungsfloskeln und den Erkundigungen nach dem Wohlbefinden erkennen; sie hält zugleich die Kommunikation aufrecht, zunächst unter Absehung von jeglichem Sachbezug. Eine wechselseitige Versicherung von Sympathie und Anerkennung vollzieht sich. Im Fallbeispiel 1 tritt eine *phatische* Funktion nicht in Erscheinung, es sei denn, die rhetorische, mitunter übertrieben anmutende Bekräftigung zum jeweils persönlichen Engagement der Kollegen, die bei jeder Begegnung mit dem Dekan repetiert wurde, würde als Kontakthalten in der Angelegenheit gewertet, wohlwissend, dass der Dekan in Abständen die Angelegenheit aufrufen würde. Die mitunter hyperbolisch anmutende Bekräftigung des Engagements zeigt jedoch eher unmittelbar eine *Ausdrucks*funktion, die die innere Befindlichkeit der Kollegen vermittelt. Mit Blick auf die geschilderte Situation bedeutet dies, der Zuspruch zu der gebotenen Möglichkeit, durch Bekleidung von Ämtern dem eigenen Statusbedürfnis entsprechen zu können, wird emotiv zum Ausdruck gebracht. Als Reaktion tritt die *Appell*funktion des Dekans in Erscheinung, der wiederholt die praktische Umsetzung des Vorhabens anmahnt. Im Fallbeispiel 2 stellt die emphatische Aussage des Abteilungsleiter, dem Dekan werde der gewünschte Bürocontainer gegeben, eine *Ausdrucks*funktion dar. Die unmittelbare Nachfrage des Dekans, ob der Gegenstand tatsächlich auch vorrätig sei, hingegen ist der *Appell*, eine Prüfung im Lager durchzuführen. *Ausdrucks*funktion und die *Appell*funktion erscheinen in beiden Fallbeispielen eng verwoben und nur in der analytischen Betrachtung trennbar.

In beiden Fallbeispielen ist für die Frage nach möglichen Verständigungsschwierigkeiten von zentraler Bedeutung, dass der aus Sicht westlicher Experten stets im Zentrum stehende Sach- bzw. Gegenstandbezug im kommunikativen Vorgang des beruflichen Alltags eher randständig ist; der kommunikative Akt dient primär nicht dem Austausch von *sach*relevanten Informationen (*Darstellungs*funktion) sondern der Harmonisierung der aufeinander treffenden Individuen mit dem Ziel der wechselseitigen Bestätigung der „Ordnung der Dinge", d. h. des bestehenden sozio-kulturellen Referenzsystems. Dass in diesem Kontext mindestens Verständnisschwierigkeiten an der Tagesordnung sind, wenn nicht sogar handfestes Konfliktpotential entlang der unterschiedlichen Erwartungshaltungen ist unschwer erkennbar: Auf der einen Seite befinden sich ausländische Experten mit definiertem Aufgabenprofil und dem Anspruch, in der Kommunikation in ihrem Sinne zuverlässige Aussagen und eine präzise

Trennung von wahr/falsch, ja/nein zu erhalten; auf der anderen Seite stehen einheimische Kollegen, die im gegebenen sozio-kulturellen Gefüge handeln. Dass gerade in Äthiopien ein reichhaltiges Repertoire von Kulturtechniken vorhanden ist, die als Ventil bei steigendem sozialen Druck fungieren, bringt D. N. Levine bezüglich der Sprache in einem erweiterten Sinne beispielhaft zum Ausdruck (Levine 1972):

> "*Sam-ennä warq* ("wax and gold") [...] is a form built of two semantic layers. The apparent, figurative meaning of the words is called "wax"; their more or less hidden actual significance is the "gold" [...] (This terminolgy is derived from the work of the goldsmith, who constructs a clay mold around a form created in wax and then, draining the wax, pours the molten gold into that form.) (S. 5). [...] it provides the one outlet for criticism of authority figures in a society which strictly controls every kind of overt aggression toward authority, be it parental, religious, or political. Thus it has been a safety valve for certain social tensions, enabling, for example, witty individuals to satirize /../ (S. 9). Yet there can be little doubt that the pace-setting spirit of modern Western culture rests on a commitment to unambiguous communication. It is predicated on the proposition that A must be A or not be A" (S. 10).

Gleichwohl lässt Levine keinen Zweifel daran, das eine gelungene Synthese zwischen einer rein kognitiv-instrumentell vonstatten gehenden Kommunikation und einem anders konnotierten verbalen Verhalten in einem Intuition und Doppeldeutigkeit zugestehenden sozialen Kontext Potential in sich berge:

> "[The] perception has been affirmed by recent sociological investigations, which show that the most effective administrators of complex organizations are those who have a high tolerance of ambiguity and who are skilled in the use of ambiguous language for the purpose of reducing interpersonal tensions (S. 16). If the aim of modern culture is a fuller life for man, it neglects its ends if strictly cognitive and instrumental considerations become so dominant that its very matrix becomes flat and dry. For modernity to be complete, the tremendous evocative powers immanent in language must also be unleashed. [...] in those areas involving the creation of solidarity, the management of tensions, and the expression of intuition and sentiment, criteria of effectiveness would seem to permit, indeed to require considerable reliance on the uses of ambiguity. From this it follows that the wax-and-gold mentality should be regarded not only as an obstacle to Ethiopia's modernization but also, by virtue of its contribution to the continuing effectiveness of her social organization and the continuing richness of her expressive culture, as a beneficial agent" (S. 17).

Soziale Netzwerke und kulturelle Bedeutungsfelder sind Bezugsgrößen für gesellschaftliche Individuen. Kulturelle Dynamik ist die Summe der kognitiven und kommunikativen Prozesse derjenigen, die an symbolisch vermittelter sozialer

Interaktion teilnehmen (vgl. McIntyre 2004, S. 231). Die normativ-symbolischen Aspekte sichern die gesellschaftliche Integration[31]. Im interpersonellen Austausch werden die Symbole gemeinsamer Referenzen geschaffen, aktiviert, erhalten und modifiziert (vgl. Schaller 2004, S. 97, 4). Der Bezug der gesellschaftlichen Individuen auf ihre gemeinsamen Symbole erfolgt qua affektiver Identifikation, wie G. Adams et al. anhand des Begriffs *affective primacy* darlegen (Adams 2004, S. 351–352), was die Beständigkeit von Referenzsystemen unterstreicht. Rein kognitiv-instrumentell vermittelte Anforderungen nach Veränderung, wie sie auf Mikroebene etwa in der Forderung nach „zuverlässigen Aussagen" und „präziser Trennung von wahr/falsch oder ja/nein" zum Ausdruck kommen, erweisen sich als wenig tauglich.

---

31 A. McIntyre et al. (McIntyre 2004) sehen Kultur aus psychologischer Sicht als Repertoire symbolischer Bedeutung: "At the core of culture is symbolic meaning. Evolutionary processes made it possible for human minds to use symbols to refer to what we regard as things and events [...] (S. 227) [...] culture as an enduring system of meaning [...] Culture in this view is a repository of symbols that are internalized by individuals and provide structure to their experience [...] culture is a process of production and reproduction of meanings [...] (S. 229) [...] human symbolic activities take place within individuals' minds, as well as between them through communication" (S. 231).

4. Die sozio-kulturellen Schlüsselfaktoren des BMZ in der Entwicklungspraxis

Die Annahme, dass mit der verbindlichen Berücksichtigung sozio-kultureller Faktoren durch das Bundesministerium für wirtschaftliche Zusammenarbeit und Entwicklung (BMZ) ab 1992 sich eine markante Veränderung der Wirksamkeit von deutschen Entwicklungsprojekten konstatieren lasse, wäre fehlgeleitet. F. Bliss et al. legten fünf Jahre nach Einführung des sogenannten Schlüsselfaktorenkonzeptes des BMZ (vgl. BMZ 1994, S. 1–7) den Versuch einer Operationalisierung dieses Konzeptes mit dem Ziel vor, „für die Länder- und Projektarbeit handlungsbezogene, einfache und praktisch handhabbare Vorschläge zur besseren Berücksichtigung der SKF [sozio-kulturellen Faktoren, m. Anm.] zu erarbeiten" (Bliss 1997, S. 23). Vorausgegangen war Kritik, die vor allem den fehlenden Praxisbezug und den hohen Abstraktionsgrad der Faktoren bemängelte. Festgestellt wurde, dass trotz einer breiten Anerkennung der Bedeutung sozio-kultureller Faktoren vonseiten vieler Institutionen der Entwicklungszusammenarbeit die konkrete Einbeziehung in die Projektierung von Vorhaben noch nicht hinreichend geleistet werde. So fänden die Faktoren als Querschnittsthema zwar Eingang in die Länderkonzepte des BMZ, bei Regierungsverhandlungen hingegen würden sie eher nachrangig behandelt. Mittelabflussdruck, Arbeitsbelastung, ungenügende Kommunikation zwischen BMZ und Durchführungsorganisationen seien die Hauptgründe dafür. Von zentralem Erkenntniswert ist jedoch der Hinweis auf methodische Unsicherheiten bezüglich der Handhabung der Faktoren (vgl. Bliss 1997, S. 24); er lenkt den Blick auf eine nähere Betrachtung der drei Schlüsselfaktoren, die jeweils einen Komplex von Aspekten umfassen:

Der Faktor *Legitimität* „umfasst die Machtverhältnisse im Umfeld eines Entwicklungsvorhabens. Dabei fragt er vor allem nach der Akzeptanz von Personen und Institutionen, die in der Lage sind, die Zielgruppen im Sinne des Empowerment-Ansatzes [...] für Entwicklungsvorhaben zu motivieren, also eine aktive Partizipation zu erzeugen" (Bliss 1997, S. 26). Dies schließt die Frage nach dem Verhältnis staatlicher Institutionen zur Gesamtgesellschaft ein, etwa in dem Sinne, dass subsidiäre Strukturen der Entscheidungsfindung zum Beispiel in einem föderal organisierten Staatswesen wie in Äthiopien Berücksichtigung finden, oder zivilgesellschaftlichen Kräften autonome Verfügungsgewalt über Planungsprozesse und zur Projektdurchführung zumindest in Teilen zukomme, insofern sie als Träger von Entwicklungsvorhaben identifiziert sind.

Der Faktor *Entwicklungsstand* fragt: „Welches ist die wirtschaftliche und soziale ‚Kompetenz' der Gesellschaft und der Zielgruppen?" (Bliss 1997, 35). Es geht um die Bestimmung einer Entwicklungsstufe anhand bestimmter Indikatoren auf einer hierarchisch gefassten Skala.

Der Faktor *Sozio-kulturelle Heterogenität* trägt dem Umstand Rechnung, dass „die überwiegende Mehrzahl der Entwicklungsländer nicht von einer homogenen Bevölkerung bewohnt wird" (Bliss 1997, S. 35). Es geht um die Identifikation von Gruppen hauptsächlich nach Religion, ethnischer Herkunft und Sprache.

Wenn auch die genannten Faktoren keine Exklusivität beanspruchten und auch nicht als präformiertes Schema sondern in ihrer heuristischen Bedeutung aufgefasst werden sollten, lässt sich erahnen, dass die Reduzierung auf drei Schlüsselfaktoren vielfach als umstrittener Versuch gewertet wurde, Konstellationen in der gesellschaftlichen Wirklichkeit zwecks analytischer Vereinfachung auf wenige Variablen zu beschränken, um instrumentalisierbare Einsichten zu erlangen.

Die kritische Auseinandersetzung lässt sich zunächst festmachen an der jeweils eng und unifokal gefassten Bedeutungszumessung. So hänge die *Legitimität* eines Vorhabens mit der aktiven Teilhabe der Zielgruppen zusammen, und von daher sei die Umschreibung von legitimer Repräsentanz gesellschaftlicher Gruppen oder Institutionen als „Akzeptanz" abwegig, da „letztere erstens die Angebotsorientierung der EZ [Entwicklungszusammenarbeit, m. Anm.] unterstreicht und zweitens die Zielgruppen als passive Empfänger auffasst" (Bliss 1997, S. 105). Es gehe darum, zwischen passiver Akzeptanz und verbindlicher Legitimität, die durch aktive Teilhabe der betroffenen Zielgruppen zustande komme, zu unterscheiden. Hinzu komme, dass Legitimität nicht ausschließlich an Personen gebunden sei, sondern sich meist auf kulturelle Strukturen wie zum Beispiel das Rechtsverständnis einschließlich des Gewohnheitsrechtes, auf vorherrschende Ideen und Sichten sowie auf einhergehende Motive beziehe. *Legitimität* solle durch den Begriff *Macht* abgelöst werden, um die Vielschichtigkeit der zu berücksichtigenden Aspekte zum Ausdruck zu bringen: „Wir halten den Begriff ‚Macht' für sehr aussagekräftig, denn zum einen hat Legitimität immer mit Macht zu tun. Und zum anderen beinhaltet Macht gleichzeitig ein ganzes Beziehungsgeflecht, das es zu erfahren gilt […] das *Entstehen* [m. Herv.] von Legitimität, Entscheidungsfindungsprozessen und Konfliktlösungsmechanismen einer Gesellschaft [ist] von Bedeutung" (Bliss 1997, S. 106–107). Tatsächlich erscheint der Begriff *Macht* gerade in Konstellationen von Vorteil zu sein, wo die bloße Frage nach der Legitimität aus innergesellschaftlicher Sicht auch illegitime Herrschaftsstrukturen – die nach außen hin als legitim, weil stillschweigend akzeptiert – unkritisch abbilden könnte.

Hinsichtlich des Faktors *Entwicklungsstand* wird festgehalten, dass er evolutionistisch-modernisierungstheoretisch formuliert erscheine und an der Vorstellung einer unilinearen Entwicklung nach dem Vorbild der westlichen Industrienationen festhalte: „Hierauf weist allein schon der Begriff Entwicklungs*stand* selbst, der nur Sinn macht, wenn er vor dem Hintergrund einer vorgegebenen Entwicklungsskala gedacht wird" (Bliss 1997, S. 111). Der Versuch, anhand einzelner Indikatoren einer Skala einen Grad von Entwicklung zuzuschreiben und daraus Potentiale für die Entwicklungszusammenarbeit herzuleiten, sei problematisch, weil skalierte Elemente isoliert keinen aussagefähigen Vergleich ermöglichen. Der lineare Entwicklungsbegriff müsse durch einen relativen ersetzt werden, der vom Grundsatz her die Pluralität unterschiedlicher Vorstellungen von Entwicklung und ihren Zielen als interaktiven Prozess zwischen gleichen Partnern fördere. Dabei gelte es, autochthonen Ansätzen, einhergehend mit Eigenverantwortung der Zielgruppen, Rechnung zu tragen. Man mag an dieser Stelle unmittelbar entgegenhalten, dass ein solcher Ansatz dann an Grenzen stößt, wenn Reflexions- und vor allem Artikulationskapazitäten, die sich als kompatibel zur Komplexität vieler Entwicklungsvorhaben erweisen müssen, als *unbedingt* voraussetzbar begriffen werden. Partizipation setzt problemadäquate Kompetenz voraus, wenn sie nicht zur Alibifunktion bzw. zur bloßen Sozialtechnologie zwecks Instrumentalisierung und Manipulation gerinnen soll, was mit Blick auf die defizitäre Leistungsfähigkeit der Bildungssysteme vieler Entwicklungsländer nicht gewährleistet ist. Dennoch gilt, dass die Frage nach lokal vorhandenem Wissen und entsprechender Sachkenntnis Grundbestandteile eines partizipatorischen Ansatzes darstellen. Als alternativer Begriff zu *Entwicklungsstand* wird *Kompatibilität* eingebracht, da dieser Begriff „die synchrone (auf Gleichzeitigkeit abhebende) Dimension der EZ [hervorhebe], keine Linearität oder entwicklungspolitische Zielvorgabe [ausdrücke] und die Wechselseitigkeit – den angestrebten symmetrischen Charakter – der EZ [betone]" (Bliss 1997, S. 117). *Kompatibilität* bringe zudem treffend zum Ausdruck, dass externe Lösungen der Entwicklungszusammenarbeit sich mit gewünschten Vorstellungen vor Ort als vereinbar erweisen müssen.

Der Faktor *Sozio-kulturelle Heterogenität* „beinhaltet die von Akteuren selbst wahrgenommene Verschiedenheit zwischen den an einem EZ-Vorhaben beteiligten oder von dem Projekt betroffenen Gruppen. Dabei spielt nicht nur die ethnisch-kulturelle Unterscheidung eine Rolle, eine Differenzierung kann auch nach Alter, Geschlecht, Kaste, Einkommen, Religion usw. [...] relevant sein" (Bliss 1997, S. 28).

Als unabhängige Variable bedinge *Heterogenität* im Vorfeld der Projektplanung die Frage nach möglicher Benachteiligung bestimmter Bevölkerungsgruppen[32]. Da alle Varianten projektrelevanter Heterogenitäten in vorab zu leistenden Untersuchungen zu berücksichtigen seien, und somit diesem Faktor hinreichend Elastizität bzw. Bandbreite zukomme, ergebe sich nicht die Notwendigkeit einer begrifflichen Neufassung.

Die referierten, im Nachgang zur Einführung des Schlüsselfaktorenkonzeptes zu Tage getretenen Revisionsbemühungen um die genannten Faktoren verdeutlichen eine im Grunde bis heute andauernde Problematik, nämlich die adäquate Handhabung der Faktoren in der konkreten Planungs- und später Monitoringphase vieler Projekte. Geblieben ist eine nach wie vor weit verbreitete Ratlosigkeit derjenigen vor Ort, wie angesichts kurz bemessener Zeitachsen die Berücksichtigung sozio-kultureller Faktoren Entwicklungserfolg versprechende Ergebnisse zu zeitigen vermag. Und Erfolg wird dabei in aller Regel entlang staatlicher Entwicklungspläne gemessen und weniger am Grad demonstrierter sozio-kultureller Sensibilität. So favorisierte die staatliche Entwicklungsplanung in Äthiopien im ecbp-Programm im Kern die Vorstellung eines Technologietransfers im klassischen Sinne in dem Glauben, angesichts durch Import von Wissen und berufsqualifizierender Ausbildung zeitnah eine kritische Maße an Fachkräften hervorbringen zu können, die dem keimenden Industriesektor zur Verfügung stehe und diesen zugleich vorantreibe. Dass, wie gezeigt, anders geartete mentale Dispositionen als die bodenständig überwiegend vorzufindenden zu den rein fachlichen Fertigkeiten hinzutreten müssen, wurde konzeptionell vernachlässigt bzw. am ehesten mit der Annahme behandelt, dass es sich hierbei um einen von selbst zustande kommenden Akkulturationsprozess handele[33].

---

32 Aufgrund der eng mit dem die meisten Arbeitskräfte beschäftigenden Agrarsektor gekoppelten staatlichen Industrialisierungspolitik Äthiopiens offenbart sich eine bedeutsame Heterogenität im Autoritätsverlust traditioneller Würdenträger in den vornehmlich dörflichen Gemeinden, der sich in dem Maße abzeichnet, wie der jüngeren Generation angehörende, „modern" gebildete Fachkräfte mit traditionellen Autoritätspersonen konkurrieren: „Mit nationalen und internationalen Entwicklungsmaßnahmen nimmt die Bedeutung des (Welt)Marktes zu, wobei die Monetarisierung der ländlichen Wirtschaft die soziale Differenzierung verstärkt. Die staatlichen Bildungssysteme schließlich verstärken eine latent vorhandene Heterogenität, die in den traditionellen Gesellschaften kaum eine Rolle spielte, nämlich die zwischen Alten und Jungen. Diese hatten sicher bereits früher unterschiedliche Interessen, jedoch allein die Position der Alten zählte, und diese hatten die Macht, bei den Jungen Gefolgschaft zu erzwingen" (Bliss 1997, S. 124).

33 So wurde bei Sitzungen des *Supervisory Board* der Adama University von Regierungsseite die berechtigte Frage gestellt, inwieweit mit der intendierten, auf der Basis neuer Curricula zu erreichenden, fachlichen Qualifikation zugleich die rechte

Planer tertiärer und einhergehender berufsqualifizierender Bildung sind in Äthiopien verständlicherweise im wachsenden Maße mit dem Dilemma konfrontiert, zeitnah Lösungen für die Unterbringung hoher Absolventenzahlen des sekundären und tertiären Bildungssektors im bislang meist nur rudimentär vorhandenen Industriesektor sicher zu stellen, da doch der Agrarsektor bereits eine Sättigung erreicht hat und zudem kaum ausweitbare Deviseneinnahmen auf den Weltmärkten erreichen kann. Um intern systemdestabilisierende politische Tendenzen aufgrund wachsender Beschäftigungslosigkeit oder inadäquater Beschäftigung im informellen Sektor der nachrückenden Generationen vorbeugen zu können[34], wird Entwicklungsvorhaben mit vermeintlich rasch sich einstellenden Ergebnissen zugesprochen.

Im Spagat zwischen der häufig unterstellten relativistischen Zerfaserung jedweder Planung durch hochgradig ausdifferenzierte Berücksichtigung sozio-kultureller Kontexte und dem mit zunehmender Globalisierung und Bevölkerungswachstum entstehenden Druck, vermittels fachlich gebildeter Kräfte Industriestrukturen auf den Weg zu bringen, die es erlauben, Marktlücken im global arbeitsteiligen Weltmarkt zu bedienen und somit Devisen zu erwirtschaften, und zugleich Beschäftigungsmöglichkeiten zu schaffen, siegt allzu häufig die Vorstellung einer linearen Umsetzung von Entwicklungsvorhaben, die auf einer vermeintlich kurzen Zeitachse die benötigten Ergebnisse hervorbringe. Diese Sicht bleibt nach wie vor ein Trugschluss, es sei denn Erfolg wird mit der Beschaffung und Platzierung von Technologie und entsprechender Apparaturen vor Ort gleichgesetzt, deren Handhabung und Wartung dann spätestens den Mangel an einer kompatiblen mentalen Disposition offenbart, wie dies zum Beispiel die Untersuchungen von M. Hermeking (Hermeking 2001) weltweit zeigen. Die Entwicklungszusammenarbeit der letzten Jahrzehnte hat solche Fehlsicht hinreichend belegt und im entsprechenden Theoriediskurs ventiliert. Damit zugleich aber auch die nicht neue Erkenntnis bestätigt, dass Entwicklung eher eine Generationenaufgabe ist und nicht kompakt auf kurz bemessener Zeitachse erzwungen werden kann, wenngleich auch die Zeit für Veränderung eingestandenermaßen nicht über Generationen gestreckt werden kann. Dieses Paradoxon hat Bestand.

Haltung („attitude" und „way of thinking") der Studierenden, Dozierenden und der die Universität verwaltenden Kräfte sich auf die gesamte Institution ausbreite und übertrage, die wiederum für die zukünftige Industriekultur des Landes als Voraussetzung erkannt wurde. Allein konzeptionell herrschte diesbezüglich eher Ratlosigkeit vor.

34 Ein hoher, für die Bildungsreform im tertiären Sektor zuständiger Regierungsvertreter äußerte im Gespräch mit dem Autor die Befürchtung, dass bei misslingender Ausbildungsreform und verfehlter Beschäftigungspolitik der Arabische Frühling des nahe gelegenen Ägypten nicht nur seine Schatten vorauswerfen könne.

Schlussfolgerungen

Entwicklung und Modernisierung gehen nicht wertfrei in einem neutralen Raum vonstatten sondern in einem spezifischen Kontext wertorientierten Zieldenkens. Es bleibt auch unter dem in vielen Entwicklungsländern gegebenen Zeitdruck für anstehende Reformprozesse, die den Anschluss an eine globalisierte Weltökonomie als Chance identifizieren, vom Grundsatz her problematisch, zivilisatorische Elemente aus Industrieländern in Gesellschaftstypen einzuspeisen, die eine geringere und andersartige Differenzierung ihrer Subsysteme und Institutionen aufweisen. Der vorgefundene Entwicklungstand, gerade hinsichtlich der dominanten mentalen Dispositionen weiter Bevölkerungssegmente, erfordert eine kritische Prüfung der Voraussetzungen für ins Auge gefasste exogene Entwicklungskonzepte. Die unkritische Sicht, dass mit dem Transfer westlicher Technologie ein gleichlaufender Prozess des Transfers westlicher Bewusstseinsinhalte stattfinde, ist hinreichend widerlegt. Die Analysen zur Bedeutung sozio-kultureller Faktoren von W. v. d. Ohe et al. riefen bereits vor Jahrzehnten in Erinnerung, dass ihr Stellenwert kaum überschätzt werden kann:

> „dass die Vergangenheit noch machtvoll präsent ist auch in Form von spezifischen *Mentalitätsstrukturen*, die nur im Zusammenhang mit den traditionell-ethnischen Gesellschaftsverfassungen zu verstehen sind. Auch im urbanisierten und modernisierten Sektoren der Entwicklungsgesellschaften dürften sie sich noch solange erhalten, als die Existenzsicherung (durch Arbeit, Gesundheits- und Altersversorgung etc.) im Rahmen der nationalen Gesellschaftsordnungen nicht hinreichend verlässlich gewährleistet bleibt" (v. d. Ohe 1982, S. 95).

Die Berücksichtigung sozio-kultureller Faktoren impliziert nicht zwangsläufig, auf eine Auseinandersetzung mit entwicklungs- und innovationshemmenden Barrieren bzw. Veränderung ablehnenden Traditionen zu verzichten und kulturrelativistischer Beliebigkeit anheim zu fallen. Vielmehr öffnet sie Wege der Betrachtung, die zu den Bedingungen vor Ort angepassten und von daher realistischen Projektkonzeptionen führen können. Und dies schließt im Einzelfall die Erkenntnis ein, dass Vorhaben der Entwicklungszusammenarbeit unter bestimmten Bedingungen sich bereits vorab als nicht durchführbar zeigen. Andererseits spielen in laufenden Projekten situative Empathie der Akteure, mehr Offenheit und Motifikationsbereitschaft im Gegensatz zur am Plan orientierten Rigidität, mehr Personenbezug als Instrumentenbezug (dies schließt Emotionalität anstatt rein technokratischer Rationalität ein) und Längerfristigkeit von Zeitrahmen sicherlich keine nachgeordnete Rolle. Ausschließlich technizistisch konzipierte Reformanstrengungen westlicher Provenienz dürften an der Realität zum Beispiel afrikanischer Lebenswelten mit ihren spezifischen kognitiven Strukturen und Sinnsystemen scheitern.

Was die Hochschulreform am Beispiel der Adama University anbelangt, so sind insbesondere drei Ebenen für eine kritische Betrachtung relevant:

Erstens wäre eine beständige Gewährleistung des Modellcharakters der Universität durch die äthiopischen staatlichen Planungsstellen vonnöten gewesen. Der äthiopischen Seite kam vom Grundsatz her das Definitionsmonopol für die Reform des tertiären Bildungssektors zu, ganz in Übereinstimmung mit dem seit Längerem vollzogenen Paradigmawechsel in der zwischenstaatlichen Entwicklungszusammenarbeit, die Eignerschaft von Projekten (*ownership*) der Empfängerseite zuzuordnen. Im vorliegenden Fall bedeutete dies abrupte, dem Gesamtvorhaben abträgliche Richtungswechsel (vgl. die Anmerkungen des deutschen Gründungspräsidenten in Kapitel 3), etwa in der Folge der nationalen Wahlen 2010. Nur unter der Voraussetzung, dass die Universität in Adama ohne Einschränkungen *sui generis* im Konzert der staatlicher Hochschulen ihren Sonderstatus über einen längeren Zeitraum hätte beibehalten können, wäre die Chance für einen Erfolg im angestrebten Sinne überhaupt denkbar gewesen.

Zweitens erwies sich die konzeptionelle Vorstellung als Trugschluss, mit wenigen ausländischen, in diesem Falle deutschen Führungskräften auf der ersten (Präsidium) und zweiten (Dekanat) Führungsebene und einigen auf nachgeordneten Ebenen, (z. B. Verwaltung, Technikdezernat) eingesetzten Führungskräften aus dem Ausland die anvisierte Umstrukturierung, einschließlich eines „Gesinnungswandels" in der Breite der Gesamtbelegschaft der Hochschule herbeiführen zu können. Gerade an dieser Stelle hätten Einsichten in die sozio-kulturelle Konstitution der Gegebenheiten vor Ort (u.a. ethnische Animositäten primär zwischen den beiden größten Ethnien des Landes: Oromo und Amharen; Orientierung an Pfründen und Status) die Aussichtslosigkeit einer solchen konzeptionellen Ausrichtung offenbaren müssen. In der Praxis ergab sich eine Parallelwelt von einerseits an der Oberfläche demonstrierter Konvergenz des äthiopischen Kollegiums mit der staatlicherseits verordneten Reform und andererseits der Beibehaltung vertrauter Lebens- und Arbeitswelten. Diese im Kern sehr rationale, weil mit der eigenen vertrauten Identität stimmig einhergehende und von daher beständige Reaktion der „Empfängerseite" deckt sich ganz mit der Erkenntnis, dass die betroffenen „Empfängerkulturen" selektiv auf Neuerungen von außen reagieren. Sie inkorporieren, was sich mit ihrer Handlungsrationalität ohne Verlust eigener Identität und ohne Interessenseinbußen vereinbaren lässt, und sondern mental aus, was grundlegenden Prinzipien ihrer Organisations- und Wertestruktur widerspricht. An der Oberfläche bleibt wegen der möglichen Sanktionsgefahr bloß demonstrierte Gefolgschaft. Die Adaptionsfähigkeit des bodenständigen kulturellen Kontextes wurde konzeptionell überschätzt. Die persönlichen Interessenslagen einer klientelistisch verstrickten Mehrheit konnten durch die Interessen und die Motivation der ausländischen Minderheit von Experten nicht gefährdet werden. Abweichungen einzelner äthiopischer Kollegen in dem Sinne, dass sie den Reformprozess aus unterschiedlichen Gründen genuin internalisierten, hatten häufig zumindest Ansehensverlust bei der innerlich nicht kooperierenden Mehrheit zur Folge. Diese Kollegen unterliefen in der Tendenz eine „prästabilierte Ordnung", die das Auskommen Vieler durch wechselseitige Abhängigkeiten, Nepotismus, Korruption und Gewährleistung von Hilfen und Anerkennung in einem insgesamt harschen Kontext der Subsistenzsicherung annähernd gewährleistete. Hinzu kam, dass die ausländischen Führungskräfte als verlängerter Arm der als amharisch-tigrenisch dominierten Bundesregierung, die die Reform zentral verordnet hatte, betrachtet wurden, wo doch der Selbstbehauptungswille der Oromo-Mehrheit vor Ort die Eignerschaft von Reformprozessen als Ausdruck politischer Ambitionen generell anstrebte.

Drittens war der im Groben abgesteckte Zeitrahmen von fünf Jahren für das Reformprojekt in Adama entschieden zu kurz bemessen. Selbst unter anderen Voraussetzungen hinsichtlich der vorab geschilderten Ebenen lässt sich eine ungenügend ausgestattete und nicht im Geringsten den Anforderungen an die Ausbildung von Fachkräften, primär für den zukünftigen Industriesektor, genügende Einrichtung, bevölkert von Sekundarschulabsolventen mit enormen Wissensdefiziten, nicht innerhalb eines Ausbildungszyklus prägend verändern. Gerade in schulischen und Ausbildungsbereichen, die als sekundäre Sozialisationsagenturen einer Gesellschaft stets nur langfristig Veränderungen intellektueller und mentaler Art bewirken können, hätte eine andere Zeitspanne ins Auge gefasst werden müssen. Man mag entgegen halten, dass im genannten Zeitraum immerhin ein Anfang hätte gemacht werden können. Dann aber stellt sich erneut die Frage, wie bei den geschilderten Voraussetzungen und nach Abzug der ausländischen Fachkräfte nachhaltige Strukturen hätten erzielt werden sollen.

Es lässt sich spekulieren, ob für das Vorhaben „Adama University" ein wirkungsanalytisches Konzept, insbesondere mit einer ex ante-Bewertung aller Faktoren, wie dies etwa er *CEval*-Ansatz zur Wirkungsevaluation (Stockmannscher Ansatz) (DeGEval 2010), bietet, hilfreich gewesen wäre. Auch *KAP*-Studien

(*Knowledge, Attitude, Practice*) gelten als erprobte Methode zur Erhebung zielgruppenspezifischer Daten und können insbesondere dann angezeigt sein, wenn Veränderungen in Wissen, Einstellungen und Verhalten angestrebt werden. KAP-Studien erlauben es, kulturspezifische Aspekte durch angepasste Befragungstechniken zu berücksichtigen. Das 2001 vom International Development Research Centre (IDRC), Ottawa, Canada, entwickelte *Outcome Mapping* (OM) erscheint als probate Methode, wenn nicht die Projektergebnisse im Mittelpunkt stehen sondern Verhaltensänderungen, Lernprozesse, Beziehungen, Handlungen und Aktivitäten der beteiligten Personen. OM kann auch als Qualitätsmanagement verstanden werden, in dem Sinne, dass eine partizipative Lernkultur sowie Lernprozesse innerhalb von Projekten zentral im Blickfeld stehen[35]. OM begreift Entwicklung als Ausdruck von Verhaltensänderungen der beteiligten Personen und bezieht im Verlauf eines Projektes sich verändernde Rahmenbedingungen ein, die häufig nicht der Kontrolle des Projektteams unterliegen. OM ist von der Vorstellung geleitet, eine Lernkultur aller Beteiligten zu ermöglichen, die reflektierendes und evaluatives Denken fördert. In Kontexten, wo die politischen Rahmenbedingungen eingeschränkter Natur sind und Meinungsäußerungen nur innerhalb enger Bahnen toleriert werden, dürfte sich OM jedoch eher als inadäquate Methode erweisen.

Der Verweis auf unterschiedliche Verfahren der Wirkungsanalyse mag hinsichtlich der Adama University letztendlich von begrenzter Relevanz sein, weil die politischen Vorgaben für die Bildungsreform in Äthiopien derzeit entlang einer knapp bemessenen Zeitachse eher von modernisierungstheoretischen Prämissen mit definierten quantitativen Ergebnissen, primär bezüglich der Zahl der Hochschulabsolventen, bei gleichzeitiger Kompromissbereitschaft hinsichtlich der Qualität der Ausbildung geleitet sind.

Ob die Reform des tertiären Bildungssektors in Äthiopien in absehbarer Zeit jene Qualifizierung hervorbringt, die sich mit der Komplexität einer zukünftigen Industriekultur als kompatibel erweist, ist ungewiss. Gewiss ist, dass es einer fachlichen und mentalen Elite bedarf, um den Anforderungen einer Gesellschaft vor dem Umbruch gerecht zu werden. Viele im Ausland lebende Äthiopier mögen aufgrund ihrer kulturellen Affinität diesen Anforderungen eher gerecht werden als manche der ins Land geholten ausländischen Experten; allein offizielle Bemühungen, diese Zielgruppe, zu denen häufig Exil-Äthiopier und ihre Familien aus der Zeit vor und während des *Derg*-Regimes zählen, scheinen

---

35 „OM wurde entwickelt, um die Grenzen der Logical Framework Analysis (LFA), der Zielorientierten Projektplanung (ZOPP) und des Results Based Management (RBM) zu überwinden" (DeGEval 2010, S. 11).

bislang wenig erfolgreich zu sein. Schleppende Gesetzgebung zur Privatisierung der Wirtschaft und vielfach noch gegebene Rechtsunsicherheit sowie eine aufgrund der Unterentwicklung des Landes in weiten Teilen unattraktive Lebensumwelt sind Gründe hierfür.

Eine ganz andere, vor Ort vorhandene Perspektive eröffnet die Idee, etwa in Anlehnung an die German University in Kairo (GUC) oder die German-Jordanian University in Amman (GJU) ausländische Universitäten als komplette Einrichtung ins Land zu holen. Solche Import-Einrichtungen mit den ihnen eigenen Standards bezüglich akademischem Niveau, Managementstrukturen und angemessener Ausstattung lösen jedoch vielfach Bedenken aus, weil in Teilen der äthiopischen Gesellschaft die Befürchtung virulent ist, auf diese Weise einer kulturellen Entfremdung ihrer Eliten den Weg zu bereiten. Paradoxerweise wird von Bedenkenträgern zugleich die Notwendigkeit eingestanden, dass eine umfassende mentale Veränderung, die Impulse von außen benötige, vonstatten gehe müsse. Durch attraktive, breiten Segmenten der Bevölkerung zugänglichen Qualifizierungs- und Weiterbildungsangeboten solcher Einrichtungen könnte die Akzeptanz erhöht werden. Zum einen würde ein Beitrag zur Ausbildung des äthiopischen akademischen Nachwuchses nach internationalen Standards geleistet. Zum anderen könnte vermittels Ausbildungskapazitäten in den Verwaltungsapparaten der Einrichtungen administrative Kompetenz und Management-Expertise gefördert werden und mit der Aussicht verbunden werden, interne Weiterbeschäftigung nach Ausbildungsabschluss anzubieten. Auf diese Weise könnte allmählich die Führung in einheimische Hände übergeben werden. Dies entspräche einem Ansatz, der sich diametral zu dem in Adama praktizierten verhält. Wenn dort die ausländischen Fachkräfte die Minderheit bildeten, so wäre die Minderheit in einer ausländischen Universität äthiopischer Herkunft, was die Integration in ein professionelles Arbeitsumfeld erleichterte und mentale Veränderung, idealerweise als Synthese bodenständiger und exogener Elemente, wirksamer förderte. „Die Gestaltung der Bedingungen des Wandels kann […] nur aus der Kultur selbst, also endogen unter Anerkennung von Perspektivismus und Relativismus erfolgen. Damit ist Wandel ohne Identitätsverlust oder mit der Chance, eine neue (authentische) Identität zu gewinnen, möglich" (v. d. Ohe 1982, S. 9).

Literaturverzeichnis

Adams, Glenn / Markus, Hazel Rose (2004). "Toward a Concept of Culture Suitable for a Social Psychology of Culture", in: Mark Schaller / Christian S. Crandall, (Hrsg.). *The Psychological Foundations of Culture*. Mahwah, New Jersey, 335–360.

Assmann, Jan (^{7}2013). *Das kulturelle Gedächtnis: Schrift, Erinnerung und politische Identität in frühen Hochkulturen*. München.

Assmann, Aleida / Assmann, Jan (1983). „Schrift und Gedächtnis", in: Aleida Assmann / Jan Assmann / Christof Hardtmeier (Hrsg.). *Schrift und Gedächtnis: Beiträge zur Archäologie der literarischen Kommunikation*. München, 265–284.

Austin, John Langshaw (1972). *Zur Theorie der Sprechakte*. Stuttgart.

Baqqala, Assafa / Chole, Eshate (1969). *A Profile of the Ethiopian Economy*. Addis Abeba.

Bliss, Frank / Gaesing, Karin / Neuman, Stefan (1997). *Die sozio-kulturellen Schlüsselfaktoren in Theorie und Praxis der deutschen staatlichen Entwicklungszusammenarbeit*. Forschungsberichte des Bundesministeriums für Wirtschaftliche Zusammenarbeit, Band 122. Köln.

BMZ (1972). *Materialien*, Nr. 23. Bonn.

BMZ (1994). „Sozio-kulturelle Kriterien für Vorhaben der Entwicklungszusammenarbeit: Rahmenkonzept" (Nachdruck der Fassung von 1992), in: *BMZ Aktuell* Nr. 49, 1994, 1–7.

Bühler, Karl (1982). *Sprachtheorie: Die Darstellungsfunktionen der Sprache*. Stuttgart.

DeGEval (Hg.) (2010). *Verfahren der Wirkungsanalyse: Ein Handbuch für die entwicklungspolitische Praxis*. Freiburg.

Del Boca, Angelo (2012). *The Negus: The Life and Death of the Last King of Kings*. Addis Abeba.

Durkheim, Émile (1993). *Suicide. A Study in Sociology*. London.

Eichele, Herbert (2008). *Setting Up Adama University: A Framework*. Unveröffentlicht.

Eichele, Herbert (2012). „Adama University in Äthiopien: Ein ständiges Ringen mit dem herrschenden System", in: *duzAkademie* Nr. 10, 2012, 4–5.

Engels, Benno (Hrsg.) (1994). *Die sozio-kulturelle Dimension wirtschaftlicher Entwicklung in der Dritten Welt.* Hamburg.

Foucault, Michel (1974). *Von der Subversion des Wissens.* München.

Galtung, Johan (1978). „Erziehung und Abhängigkeit: Bildungssystem und Weltwirtschaftsordnung", in: Benno Engels / Ulrich Laaser (Hrsg). *Deutsche Entwicklungshilfe in der Zweiten Entwicklungsdekade – Eine Zwischenbilanz.* München, 545–569.

Geertz, Clifford (1973). *The Interpretation of Cultures: Selected Essays.* New York.

Geertz, Clifford (1987). *Dichte Beschreibung: Beiträge zum Verstehen kultureller Systeme.* Frankfurt/Main.

Gellner, Ernest (1993). *Pflug, Schwert und Buch: Grundlinien der Menschheitsgeschichte.* München.

Habermas, Jürgen (1968). *Technik und Wissenschaft als Ideologie.* Frankfurt/Main.

Hall, Edward T. (1981). *Beyond Culture.* Garden City, New York.

Hall, Edward T. (1989). *The Dance of Life: The Other Dimension of Time.* New York.

Hall, Edward T. / Hall, Mildred R. (1990). *Understanding Cultural Differences: The Germans, the French, and the Americans.* Yarmouth, Maine.

Heine, Steven J. / Lehman, Darrin R. (2004). "Move the Body, Change the Self: Acculturative Effects on the Self-Concept", in: Mark Schaller / Christian S. Crandall (Hrsg.). *The Psychological Foundations of Culture.* Mahwah, New Jersey, 305–331.

Hermeking, Marc (2001). *Kulturen und Technik: Techniktransfer als Arbeitsfeld der Interkulturellen Kommunikation – Beispiele aus der arabischen, russischen und lateinamerikanischen Region.* Münchener Beiträge zur Interkulturellen Kommunikation, Band 10. Münster.

Hettlage, Robert (1990). „Technologietransfer und Kulturkonflikt: Zur Notwendigkeit einer schöpferischen Selektion", in: Brunhilde Scheuringer (Hrsg.) (1990). *Wertorientierungen und Zweckrationalität: Soziologische Gegenwartsbestimmungen.* Opladen, 71–90.

Heymes, Dell (1971). „The Ethnography of Speaking", in: T. Gladwin / W. C. Sturtevant (Hrsg). *Anthropology and Human Behavior.* The Anthropological Society of Washington, 13–53.

Hofstede, Gert (1993). *Interkulturelle Zusammenarbeit: Kulturen – Organisationen – Management.* Wiesbaden.

Jakobson, Roman (1966). "Closing Statement: Linguistics and Poetics", in: Th. A. Seboek. *Style in Language.* Cambridge, 350–377.

Laaser, Ullrich (1980). *Zum Verhältnis von Bildung und Entwicklung in den Ländern der Dritten Welt.* Institut für Allgemeine Überseeforschung: Weltwirtschaft und Internationale Beziehungen, Diskussionsbeiträge 23. München.

Lau, Ivy Y.-M. / Lee, Sau-lai / Chiu, Chi-yue (2004). "Language, Cognition, and Reality: Contructing Shared Meanings Through Communication", in: Mark Schaller / Christian S. Crandall (Hrsg.). *The Psychological Foundations of Culture*. Mahwah, New Jersey, 77–100.

Levine, Donald N. (1972). *Wax & Gold: Tradition and Innovation in Ethiopian Culture*. Chicago.

Luhmann, Niklas (1984). *Soziale Systeme: Grundriß einer allgemeinen Theorie*. Frankfurt am Main.

McIntyre, Allison / Lyons, Anthony / Clark, Anna / Kashima, Yoshihisa (2004). "The Microgenesis of Culture: Serial Reproduction as an Experimental Simulation of Cultural Dynamics", in: Mark Schaller / Christian S. Crandall (Hrsg.). *The Psychological Foundations of Culture*. Mahwah, New Jersey, 227–258.

Merton, Robert K. (1968). *Social Theory and Social Structure*. New York.

Müller, Hans-Peter / Kock, Claudia / v. Ditfurth, Anna (1990). *Kulturelles Erbe und Entwicklung: Indikatoren zur Bewertung des Soziokulturellen Entwicklungsstandes*. Forschungsberichte des Bundesministeriums für Wirtschaftliche Zusammenarbeit, Band. 98. Zürich.

Negash, Tekeste (2006). *Education in Ethiopia: From Crisis to the Brink of Collapse*. Nordiska Afrikainstitutet Discussion Paper 33. Uppsala.

Nohlen, Dieter / Nuscheler, Franz (1983). *Handbuch der Dritten Welt 1: Grundprobleme, Theorien, Strategien*. Frankfurt/Main.

Nünning, Ansgar (Hrsg.) (2004). *Literatur- und Kulturtheorie: Ansätze – Personen – Grundbegriffe*. Metzler Lexikon. Stuttgart.

OECD/CERI (1974). *Recurrent Education: Policy and Development in OECD Member Countries*. United Kingdom. Paris.

v. d. Ohe, Werner / Hilmer, Richard / Nett-Kleyboldt, Silvia / Esterházy, Yvonne / Kastl, Marie-Theres (1982). *Die Bedeutung sozio-kultureller Faktoren in der Entwicklungstheorie und -praxis*. Forschungsberichte des Bundesministeriums für Wirtschaftliche Zusammenarbeit, Band 29. Köln.

Parsons, Talcott (1951). *Towards a General Theory of Action*. Cambridge.

Parsons, Talcott (1964). *The Social System*. New York.

Piazolo, Michael (Hg.) (1992). *Kulturelle Identität zwischen Tradition und Modernität. Zur Bedeutung sozio-kultureller Faktoren in der entwicklungspolitischen Zusammenarbeit*. Materialien und Bericht Nr. 62. Tutzing.

Robles, Fernando (1982). „Die Modifikation der zeitlichen Strukturen gesellschaftlicher Einheiten durch die Einführung von Entwicklungsprogrammen", in: Werner v. d. Ohe et al.. *Die Bedeutung sozio-kultureller Faktoren in* der Entwicklungstheorie und -praxis. Forschungsberichte des Bundesministeriums für Wirtschaftliche Zusammenarbeit, Band 29. Köln, 209–233.

Saussure, Ferdinand de (1973). *Cours de linguistique generale*. Paris.

Schaller, Mark / Crandall, Christian S. (Hrsg.) (2004). *The Psychological Foundations of Culture*. Mahwah, New Jersey.

Searle, John (1969). *Speech Acts: An Essay in the Philosophy of Language*. Cambridge.

Spencer, Herbert (1887). *System der synthetischen Philosophie*, Band VII. Stuttgart.

Spencer, Herbert (^{2}1996). *The Study of Sociology*. London.

The Ethiopian Herald, 16. Oktober 2010.

The Federal Democratic Republic of Ethiopia, Ministry of Education (2010a). *Higher Education Development Program (2011–2015)*. Ref. No. 7/1–13430/642/35. Addis Abeba.

The Federal Democratic Republic of Ethiopia, Ministry of Education (2010). *Continuing Professional Development for Higher Education Institutions in Ethiopia*. Addis Abeba.

The Federal Democratic Republic of Ethiopia, Ministry of Finance and Economic Development (2010). *Growth and Transformation Plan (GTP) 2010/11–2014/15: Draft*. Addis Abeba.

UNDP (2013). *Human Development Index Report: Ethiopia*. New York.

UNESCO (2010). *Science Report: Sub-Saharan Africa*. Paris, 279–321.

Weinert, A. B. (^{5}2004). *Organisations- und Personalpsychologie*. Weinheim.

World Bank (2011). *The World Bank Data*. http://data.worldbank.org/country/ethiopia (26.08.2013)

Zewde, Bahru (2008). *Society, State, and History: Selected Essays*. Addis Abeba.

Anhang

Das im Folgenden angeführte, im Umfang leicht gekürzte, vom Federal Ministry of Education in Addis Abeba im August 2010 vorgelegte Rahmenkonzept zur Fort- und Weiterbildung primär des Lehrkörpers, aber auch des mit Management- und administrativen Aufgaben befassten Personals in staatlichen Einrichtungen tertiärer Bildung steht im Einklang mit den Zielen des nationalen *Growth and Transformation Plan* (GTP), der für einen Fünfjahres-Zeitraum (2010–2015) entwicklungspolitische Leitlinien festlegt. Äthiopien strebt an, bis 2025 ein Land mit mittlerem Einkommensniveau in Anlehnung an Entwicklungsstrategien südost-asiatischer Länder zu werden. Das Rahmenkonzept zeigt detaillierte Sichten zu verschiedenen Aspekten und Methoden der Sicherung von Qualitätsstandards unter Hinzuziehung internationaler Expertise und vergleichender Studien und kann als zentrale Referenz für die staatlichen Anstrengungen der kommenden Jahre gelten.

Continuing Professional Development for Higher Education Institutions in Ethiopia

The Framework

August 2010

Ministry of Education

Federal Democratic Republic of Ethiopia

Contents

Acronyms

Glossary of terms
1. Introduction
   1.1 Scope
   1.2 Rationale
   1.3 The benefits of a CPD for higher education framework
2. National Experience
3. The Principles which underlie Continuing Professional Development
4. The Nature and Purpose of Continuing Professional Development
   4.1 What is CPD for Higher Education?
   4.2 Professional standards for Higher Education
   4.3 Application of the standards
   4.4 Who should be involved in CPD?
   4.5 How will CPD be organised in HE?
5. The Strategy for the Implementation of Continuing Professional Development
6. The CPD Cycle
7. Institutional and Management Support for CPD
   7.1 Professional Colleagues at Institution Level
   7.2 External Support
   7.3 Support Materials
8. Support, Quality Assurance and Enhancement of CPD for HE
9. Responsibilities of CPD Stakeholders
10. Recording your CPD: The Professional Development Journal

Bibliography

Acronyms

CPD	Continuing Professional Development
CPDU	Continuing Professional Development Unit
CTE	College of Teacher Education
cv	Curriculum Vitae
ESDP	Education Sector Development Plan
HDP	Higher Diploma Programme
HE	Higher Education
HEA	Higher Education Academy
HEI	Higher Education Institution
HMSO	Her Majesty's Stationery Office
IFL	Institute for Learning
IT	Information Technology
KPA	Key Performance Areas
LJMU	Liverpool John Moores University,
MoE	Ministry of Education
MU	Moderating University
NGO	Non Governmental Organisation
PDJ	Professional Development Journal
PDP	Professional Development Plan
REB	Regional Educational Bureau
SN	Special Needs
TDP	Teacher Development Programme
UK	United Kingdom
UKPSF	United Kingdom Professional Standards Framework

Glossary of terms

Action learning sets: a continuous process of learning through reflection in resolving real life problems within a real life environment in a working group

Action research: a framework for educational research involving practitioner based enquiry for the improvement of practice. It does not try to prove anything or make generalisations it is specific and meaningful to the person or people carrying out the research

Appraisal: an annual review of staff development which may be used to identify CPD needs

Coaching: a process within which the person being coached decides what the course of action will be and devises their own solution (the coach does not tell the person what to do)

Collaborative: working together as reflective practitioners to improve the quality of the students' learning environment

Critical learning communities: consists of people who share a common purpose in seeking to foster new and authentic practice. Mutual trust, democratic decision making and professional respect is at the heart of the critical learning community.

Employability: Transferable skills appropriate in all working environments

Ethical values: honesty, loyalty, transparency, confidentiality, integrity, accountability, impartiality, non discriminatory

Holistic: a whole institution approach to CPD

Mapping tool: a method of matching and applying CPD activities against the standards

Mentoring: a process whereby the mentor provides a role model and advice to the mentee

Professionalism: an individual's adherence to a set of standards, code of conduct or collection of qualities that may characterise accepted practice within a particular area of activity and requires critical reflection

Professional Development Journal: a personal record of individual development in skills, knowledge and attitudes

Reflective practice: thinking about one's practice and trying to improve practice through continuing professional development

1. Introduction

This is an appropriate time to introduce a framework for continuing professional development (CPD) in higher education. Ethiopia is very aware of the need to improve the quality of the learning experience for students in all sectors over the next five years, (MoE, 2010).

This framework comprised consultation with universities and CTEs through workshops, visits and questionnaires. Desk research was carried out on international and national approaches to CPD in the tertiary sector of education together with various publications relevant to CPD and reflective practice. It has been useful to explore the experiences from other countries which can provide a benchmark for quality.

The UK has a long history of developing quality and teaching excellence in higher education. The concept of a Professional Standards Framework used in the UK provides an ideal model for Ethiopia to inform the initial development of CPD in CTEs and universities. There are already examples where the development of education in Ethiopia has been influenced by experience from the United Kingdom (UK) and Australia. The highly successful Higher Diploma Programme (HDP) was adapted from the Post graduate Certificate in Education which was developed specifically for the tertiary sector. Australian experience has informed the development of competency standards for school teachers in Ethiopia.

The Australian research into performance indicators in higher education (HE) is very thorough and comprehensive and provides a useful benchmark. In order to progress CPD, a professional standards framework adapted from the UK model is used with reference to the message from Australia which highlights the importance of an holistic approach to enhancing the students' learning, i.e. the whole institution is involved.

1.1 Scope

This framework is for management, academic and administrative staff in CTEs and universities. It can be applied to all staff working within the universities and CTEs but is focussed initially on teacher educators.

1.2 Rationale

In 2001 George Livingstone produced an influential report for the Ministry of Education entitled "Taking Teacher Education Forward" [...] Livingstone's work was Influentiai in the government's introduction of the Teacher Education System Overhaul Programme in 2003 in which the continuing professional development of teacher educators was highlighted as a priority area.

The following year the Higher Education System Overhaul (HESO) set the foundations for quality assurance in higher education institutions. HESO concludes that for HEIs to progress and meet the challenges for the future of Ethiopia it is necessary for all HEIs to improve their human resource management procedures. It was recommended that a systematic staff appraisal be developed in each institution. This provides the basis for CPD for HE.

"The CPD of the staff is an essential factor in maintaining and enhancing the quality of the achievement of an institution's educational mission." (Livingstone. 2001)

More recently the government has set out a strategy for achieving the goal of transforming Ethiopia into a middle-income country through a growth and transformation plan. Higher education is seen as having a major role in achieving this aim.

> For higher education the goal is to develop highly qualified, motivated and innovative human resources and produce and transfer advanced and relevant knowledge for socio-economic development and poverty reduction with a view to turning Ethiopia into a middle-income country by the year 2017, (Ministry of Education, 2010).

These statements set out the challenge for colleges of teacher education (CTEs) and universities over the coming years and continuing professional development (CPD) for all higher education staff will be an integral part of achieving this goal. The concept of continuing professional development is not new to Ethiopia. Considerable work has already been undertaken in the school sector and a national CPD framework for schools was agreed in 2009, (Ministry of Education, 2009).

Within the Ministry of Education (MoE) it was agreed that CPD in higher education required a different approach from that being taken in the school sector. This is due to the distinct nature of teaching in higher education which can be summarised in the words of the UK Higher Education Academy as:-

- Recognition of the higher education sector's understanding of quality enhancement for improving student learning
- The scholarly nature of subject inquiry and knowledge creation
- A scholarly approach to pedagogy

Higher education in Ethiopia has a relatively short history of sixty years but in the past ten years it has undergone both major quantitative and qualitative change. Currently there are 22 universities in Ethiopia and 30 colleges of teacher education. A further 10 universities are to be constructed over the coming years. This rapid expansion of higher education has not come about without some cost and the government is concerned that the quality of higher education provision should be improved.

> Quality is also a crucial challenge at higher education level due to the rapid expansion of this sub-sector. There is an increased need to focus on quality improvement with regard to human and material resources as well as reform of processes (Ministry of Education. 2010).

Within all HEIs attention has now shifted to ensuring quality including access and equity in the delivery of education and hence the learning of students. Improving the quality and employability of graduates will raise the level of human capital within Ethiopia and enable the country to compete in a global economy. This development sets the scene for an expansion in CPD activities in higher education.

CPD has often been seen as something that is "done to you" but recent thinking from the UK suggests that for CPD to be successful it has to be "owned by the person doing it". This means that everyone in the HEI should be encouraged to become more professional and take responsibility for their own professional development, as the government states:

> The performance development process for academic staff supports a culture of continuous learning and performance improvement thus demonstrating the government's commitment to developing and retaining academic talent. (Ministry of Education, 2010)

The government recognises a clear need within higher education to encourage the development of an active research culture. The focus will be in the area of science and technology to achieve a ratio 70:30% when compared to social science. Clearly there will be a need for additional training and CPD for those working in science and technology. Any improvements in higher education research outputs will only be effective if they result in an enhanced learning environment for students. To achieve such a result will require the pursuit of "excellence" in teaching. To this end the intention is that all "…academic staff will have to undergo certified training in teaching methodology". (Ministry of Education, 2010)

The quality improvement plan has two major outcomes; to bring down drop out rates across the education sector and better teacher training. The emphasis is on improving the quality of teaching at all levels and a systematic approach to teacher professional development. The Higher Diploma Programme was created to enhance the quality of teacher educators in both CTEs and universities and includes the requirement for candidates to identify and meet their CPD needs. A framework for embedding continuing professional development in HE institutions is required.

In order for CPD activities to be successful in enhancing the quality of teaching and students learning in HE in Ethiopia it is essential that all academic and administrative staff within the HEIs are committed to the following professional values:

- Respect for individual learners
- Commitment to continuing professional development and evaluation of practice by all staff
- Commitment to the development of learning communities
- Commitment to encouraging participation in higher education, acknowledging diversity promoting equality of opportunity and democratic citizenship
- Commitment to incorporating the process and outcomes of relevant research, scholarship and/or professional practice
- Commitment to transparency and accountability
- Commitment to efficiency and effectiveness (adapted from AUA, 2009)

Every effort must be made to embed these values within an institution and in the behaviour of all staff. Professional development needs to be seen as a normal part of professional life and that collaboration is an essential element.

It is important in the introduction to consider again what is meant by "teacher excellence". In the ESDPIV the government make clear that over the next five years they are determined to raise quality of education across the sector. Livingstone believed that the changes introduced for teacher education would promote capacity building which is "a key aim and prerequisite for sectoral and national progress". These qualities can be applied to all academic staff.

Some guidance was given by Livingstone (2001) when he defined the qualities needed in teacher educators in Ethiopia. He listed the requirements

1. High quality teaching experience, with reflection on that experience in order to develop strategies for helping others to learn how to teach.
2. A knowledge of techniques of teaching (i.e. Have her/his own defensible theories about the nature and practice of teaching), know why they are effective and be able to articulate, explain, elaborate and defend these to others as well as to self.
3. An understanding of the nature and the complexities of teaching (i.e. has theorized about) and the consequences for learning to teach.

4. Awareness of the consequences of the temporary, uncertain and tentative nature of theory in teaching and acknowledgement that it is neither fixed nor absolute.
5. An understanding of the nature and conduct of the observation and supervisory roles in order to foster self appraisal in the student teacher. Have a sense of what to note for feedback and how to provide that feedback; open up discussion of practice through the adroit posing of questions: seek to educate rather than train.
6. Effectively lead seminars, groups and learning teams – learning communities.
7. Analysis of learning situations and devising and recommending possible solutions both for pre-service and in-service needs.
8. Assistance for teachers in syllabus design and in devising of materials.
9. Sufficient knowledge of constructivism (educational psychology) to apply within the process of theorising about teaching.
10. Adeptness at working to solve problems effectively within a team setting.

Australian research (DEEWR, 2008) has also contributed to the debate by suggesting the following characteristics of teaching excellence which have been demonstrated to increase student learning outcomes and achievement:

- Teacher clarity
- Teacher organisation exerts a positive and significant effect on problem solving skills and occupational awareness
- Teachers who motivate students and stimulate interest
- Teachers who are enthusiastic towards teaching
- Teachers who possess a deep knowledge base
- Teachers who communicate effectively with students (i.e. at an appropriate level and interpersonal manner in the delivery of educational material)
- Teachers who demonstrate respect for students

Finding a simple definition of teacher excellence may not be possible or even desirable. Much will depend upon the perspective being taken.

A helpful approach is suggested by Skelton (2005) who proposes an ideal type understanding of teacher excellence. His model presents four different perspectives, Traditional, Performative, Psychologised and Critical. Skelton suggests that at national and international level there is a different understanding of teacher excellence from an individual's own understanding of teacher excellence. "Performative understandings" of teacher excellence predominate at national level in the UK and Australia for instance, whereas at practitioner level the "Psychologised" approach is significant.

If Skelton's model is accepted there would need to be a movement towards a Critical ideal type. In the context of Ethiopian universities and CTEs the question of perspectives will need to be explored and a strategic direction identified for each HEI.

The perspectives and ideal types are summarised in the following table using ideal types and a description of the characteristics for each type:

Ideal Types for understanding teacher excellence in Higher Education

	Traditional	Performative	Psychologised	Critical
Who for?	Social elite	Meritocracy	Individuals	Informed citizenry
Where located?	Disciplinary knowledge	Rules and regulations	Teacher-student relationship	Material conditions
Epistemology?	Pursuit of truth	Knowledge that works	Subjective interpolation	Social critique
Indicative method?	Lecture	Work-based learning	Group work	Participatory dialogue
Teacher's role?	Cultural reproduction	System efficiency	Effective learning	Critical intellectual
Purpose?	Cultural reproduction	System efficiency	Effective learning	Emancipation

Skelton, A. (2005)

However using Skelton's analysis, for CPD to be effective it would be better to work towards the "critical ideal type". This will involve developing team work and creating a supportive, trusting and reflective learning community which fits well with the concept of continuing professional development. Learning communities have "a common or shared purpose, interests or geography; collaboration; partnership and learning; respecting diversity; and enhanced potential and outcomes." (Kilpatrick et al, 2003)

More recently Laycock has put forward the idea of a "critical learning community" which involves people who share a common purpose "to foster new and authentic practice through action research which genuinely challenges the status quo and might involve critical resistance". However he believes that the common sense of purpose and direction will "transform both the individual and the organisation". According to Laycock a critical learning community needs "mutual trust, democratic decision making and professional respect". (Laycock, 2009).

Laycock proposes that for CPD to be successful and effective it needs to be embedded in critical learning communities. (e.g. Liverpool John Moores

University. UK; University of Derby, UK). There will need to be a change in perspective for critical learning communities, where all are involved in the pursuit of teaching excellence and student learning and achievement, to exist in Ethiopian HEIs.

1.3 The benefits of a CPD for higher education framework

There are benefits for individuals, HEIs and ultimately Ethiopia.

1. The benefits for individuals

- Building on existing knowledge and skills
- Increasing effectiveness in the workplace
- Increasing motivation to learn, build confidence and self-esteem
- Enhancing recognition in institution and sector
- Enhancing transferable skills that are recognised and valued
- Expanding and developing new areas of capability, which might be for existing role or for career development
- Maximising and building on strengths
- A common understanding and language in the sector will facilitate movement between institutions
- The improvement in students' learning and achievement
- Competent, effective and efficient graduates

2. The benefits for HEIs

- Professionals able to meet the changing requirements of the education sector
- More effective deployment of skills
- Making the most of each person's stay in the institution
- Enhancing recruitment and retention of qualified and experienced staff
- Facilitating growth of the skills and experience the institution needs
- A model of professional behaviours
- A common approach to CPD will facilitate joint staff development activities across institutions
- The improvement in students' learning and achievement
- Competent, effective and efficient graduates

3. <u>The benefits for the education sector</u>
- A shared understanding of CPD for professional staff within the tertiary education context
- A model for developing a consistent and coherent approach to CPD
- Fostering consistency in the quality of support of the student experience
- Enhancing recruitment and transferability within the sector through a common understanding of professional behaviours
- A means of demonstrating the professionalism that staff bring to the support of the student experience
- The improvement in students' learning, achievement and employability
- Competent, effective and efficient graduates

2. National Experience

CPD is not new in CTEs and Universities in Ethiopia as can be seen in the Higher Education Proclamation 650/2009 where it is stated in Section 22 Institutional Quality Enhancement: (2) "The internal system of quality enhancement of every institution shall provide for clear and comprehensive measures of quality covering professional development of academic staff…".

Section 31 Rights of Academic Staff: (1c) "be entitled to further education and training for professional development…"

In the CTEs much work has been carried out through the College Cluster Units (CCU) in reaching out to local schools, giving support and providing CPD activities. Less evidence is available of CPD activities aimed at developing lecturers/instructors in CTEs and universities but there are some examples of CPD activities in HE:-

Asella College of Teacher Education

Within Asella CTE the Higher Diploma Programme has been running successfully for seven years. A recent study was undertaken to assess the effectiveness of the programme and to identify the CPD needs of the graduates. (McEvoy P.E. and Aga., E., 2009)

The study consisted of 64 college lecturers who had successfully completed the HDP. In the analysis of this research it was clear that the majority of lecturers believed that the HDP had enhanced their professional development and hence the learning of the students. As part of the research the sample group of lecturers were asked what they saw as their CPD needs. The needs assessment identified the following areas for CPD activity:

- Learning problems
- Cooperative learning
- Action research
- Working with diversity
- Group dynamics/organization
- Assessment methods
- Counselling and mentoring

- Self reflection/evaluation
- Making/using resource materials

From this analysis a College Continuing Professional Development (CCPD) programme was piloted. In 2009 this work was evaluated and developed by the new Higher Diploma Leader, (Shakeshaft, V., 2010).

This identified three important Issues for CCPD:

- The importance of peer observation for improving teaching and learning
- Staff not always using active learning methods in their sessions
- Problems in how to assess
- A need to develop Professional Portfolios

CCPD workshops on Assessment and Classroom Management were delivered to staff.

These challenges will now form the basis of a CCPD plan to commence in September 2010. A document was produced to provide guidance for stream heads and teachers on CCPD to help them identify needs and plan for CCPD. (Shakeshaft, V., 2010).

Sebeta Special Needs College of Teacher Education

The Higher Diploma Programme has been running successfully at Sebeta for a number of years. Recently attention has been focussed on the professional development needs of the teacher educators. The Higher Diploma Leader conducted a CCPD needs analysis across the college and from this was able to identify the Following needs:

- Sign language
- Braille
- English improvement
- Active learning methods
- Assessment

A CCPD programme of one month modules was drawn up to meet these identified needs. Some of the challenges identified in running this programme include poor attendance of some instructors. Reasons given for non attendance were workload and meetings which clashed with the CPD programme. However a positive aspect is the college management is in full support of the programme and some managers have participated in the activities.

Haramaya University

Here is an example of a very successful Higher Diploma Programme over a number of years. Haramaya University was selected to be a Moderating University for the HDP and has been effectively moderating the programme in its satellite institutions and cross moderating the programme with Addis Ababa University.

After carefully reflecting on the success of the HDP for teacher educators the university decided to develop its own qualification in teaching methodology for all new teachers at the university to fill an identified skills gap […] "Special and inclusive education" and "Programme design and review". The TTD is an in service provision for existing lecturers and therefore is a major initiative in professional development.

Jimma University

At Jimma University CPD activities are now being organised through the Academic Development Resource Centre (ADRC). It is linked closely to the Institute of Education and Professional Development Studies in which the HDP will be located.

Currently the ADRC is engaged in activities concerning assessment techniques and all faculties were invited to send lecturers who need this updating.

National HDP Quality Assurance and Strategy Workshops

At the HDP Workshop in December 2009 CPD for HE was debated by almost 100 delegates. The workshop considered the new agreed CPD Framework for Schools in Ethiopia and it was decided that a new framework for HE needed to be developed with clear guidelines for a structure and system.

A further workshop in July 2010 considered international research on CPD in HE and the delegates, including Deans, Higher Diploma Leaders and Higher Diploma Tutors, from 28 of the 44 institutions which deliver HDP, discussed what was needed in the framework. They also completed a CPD Questionnaire, 26 of the 28 Questionnaires were returned. Findings:

- The group were very experienced in HE with an average of 13 years in tertiary education.
- Almost 50% were required to participate in CPD.
- Over 80% of the group were HDP graduates.
- There was evidence of considerable professional development by the delegates but little recognition of their achievements.

- The most popular areas for professional development in the future were ICT, Research Skills/PhD, Management Development, Professional Updating and Active Learning Methods.
- The majority responded to the need for professional development to improve the quality of their teaching and thus the learning experience of their students.
- The barriers to continuing professional development were identified as lack of funding and pressure of time.
- Little evidence exists within HEIs of any systematic approach to identifying CPD needs or any structural support.
- Some CTEs have a CPD Coordinator but this is not universal.
- Some universities have ADRCs which are now picking up CPD activities but these do not exist in all universities.
- In some cases CPD needs are identified through the process of self assessment and reflection and discussions with peers.
- There is no evidence of CPD needs being identified through annual performance review or appraisal.
- The majority responded by stating that there is no encouragement or support for professional development within their institutions.
- The majority said that no time is allocated within their institution for CPD.
- The majority said their HEI has no CPD policy or strategy.
- The majority stated that they would welcome a structured framework for CPD in HE.

The outcomes of the questionnaire, the consultative process of these workshops and monitoring and evaluation visits to CTEs and universities by MoE Advisers have informed the contents of this framework.

Conclusion

The goal is to develop highly qualified, motivated and innovative human resources and produce and transfer advanced and relevant knowledge for socio-economic development and poverty reduction. This goal sets a challenge for colleges of teacher education (CTEs) and universities over the next five years and beyond. Continuing professional development (CPD) for all higher education staff will be an integral part of achieving this goal.

In the brief review of international research and practice on teaching excellence and professional standards in higher education and experience from three continents has been considered. The examples chosen demonstrate the importance of quality provision in enhancing the learning experience for students and offer useful guidance.

The UK has a long history of developing quality and teaching excellence in higher education. The Professional Standards Framework used in the UK provides an ideal model for Ethiopia to use in the initial development of CPD in CTEs and universities.

Developments in South Africa suggest a need for caution when applying these ideas to Ethiopia. It is true that standards and indicators need to be interpreted and understood within the context in which they are used. Like South Africa, Ethiopia is a country with a relatively new HE sector which has expanded rapidly. Attention must be given to the diversity that exists between regions and the fact that many HEIs are very new and more being built. These factors need to taken into account in the application of any new framework for CPD.

As outlined in the European Commission's Lisbon strategy there is a need to encourage teaching excellence and to develop the research skills and employability of learners is particularly relevant to Ethiopia and has been recognised in ESDP IV, 2010 as a key outcome:

> Increased student learning, personal growth and improved employability through high quality higher education and relevant professional mix

The Australian research into performance indicators in HE is very thorough and comprehensive. Clearly this research has considered all the factors which contribute to enhancing the quality of teaching and learning including "the collaborative nature of professional development" (King, 2004). Ethiopia is very aware of the need to improve the quality of the learning experience for students in all sectors over the next five years. (ESDP IV). Therefore this is an appropriate time to develop a framework for continuing professional development drawing from both the UK and Australian model.

National experience so far demonstrates that CPD activities are being developed in some universities and CTEs but not in a systematic way. A need for CPD has been identified together with a need for a framework and structure. However as the examples from Asella CTE, Sebeta Special Needs CTE, Haramaya University and Jimma University show clearly; for CPD to be effective there needs to be commitment from the individuals, the management and the organisation.

The whole institution has to be actively involved in the creation of a learning community which reflects diversity, creates collaboration, partnership and learning. Professional development is about added value and the enhancement of the quality of the students' learning experience and achievements.

3. The Principles which underlie Continuing Professional Development

The reasoning behind the principles is that excellence results not simply from what people do but also how they do it. The behaviours are universal across all roles. There are nine key behavioural groups:

- **Managing self and personal skills** – willing and able to assess and apply own skills, abilities and experience. Being aware of own behaviour and how it impacts on others.
- **Delivering excellent service** – providing the best quality service. Building genuine and open long-term relationships in order to improve standards.
- **Finding innovative solutions** – taking an holistic view and working enthusiastically with creativity to analyse problems and develop innovative, workable solutions. Identifying opportunities for innovation.
- **Embracing change** – adjusting to unfamiliar situations, demands and changing roles. Seeing change as an opportunity and being receptive to new ideas.
- **Using resources** – making effective use of available resources including people, information, networks and budgets.
- **Providing direction** – seeing the work you do in the context of the bigger picture and taking a long-term view. Communicating vision clearly to inspire and motivate others.
- **Developing self and others** – showing commitment to own development and supporting and encouraging others to develop their knowledge. skills and behaviours to enable them to reach their full potential for the wider benefit of the institution.
- **Working with people** – working cooperatively with others in order to achieve objectives. Demonstrating a commitment to diversity and applying a wide range of interpersonal skills.
- **Achieving results** – planning and organising workloads to ensure that deadlines are met within resource constraints. Consistently meeting objectives and success criteria.

These principles adapted from the UK Association of University Administrators' professional behaviours (AUA, 2009) are linked to the element of professional activity in the professional standards framework (see page 28).

4. The Nature and Purpose of Continuing Professional Development

4.1 What is CPD for Higher Education?

> **Anything that makes me a better professional**

This definition of CPD for higher education has been agreed through consultation with a wide group of stakeholders including individual lecturers/instructors/teacher educators, other educational professionals within universities and colleges of teacher education and officials at the Ministry of Education during visits, workshops and meetings.

What do we mean by being professional in the context of education? It can be seen as a commitment to the following professional and ethical values:

- Respect for individual learners
- Commitment to incorporating the process and outcomes of relevant research, scholarship and/or professional practice
- Commitment to development of learning communities
- Commitment to encouraging participation in higher education, acknowledging diversity and promoting equality of opportunity
- Commitment to continuing professional development and evaluation of practice

> **Mastery of subject and skill in accordance with agreed professional standards and ethical values**

This recognises that all academic staff must be engaged in quality teaching, research, consultancy and the development of the community. The quality of the learning experience for students will only be achieved through active participation of all staff in CPD.

CPD includes:

- **Updating** – a continuing process in which every professional participates during their career. It focuses on subject knowledge and pedagogy and improves the learning experience of the students
- **Upgrading** – the process by which professionals can choose to participate in additional study at appropriate times in their careers, e.g. first degree to master's degree, master's degree to a doctorate
- **Research and scholarly activity**
- **Consultancy**
- **Service to the community**

4.2 Professional standards for Higher Education

Application of professional standards will structure professional development programmes and produce evidence that will demonstrate that these professional standards are being met.

The standards framework aims to act as:

- An enabling mechanism to support the professional development of staff engaged in supporting learning
- A means by which professional approaches to supporting students' learning can be fostered through creativity, innovation and continuous development
- A means of demonstrating to students and other stakeholders the professionalism that staff bring to the support of the student learning experience
- A means to support consistency and quality of the student learning experience

The standards recognise the government of Ethiopia's commitment to developing a high skill, knowledge and research led economy based on best practice and quality professional development.

This framework will strengthen existing CPD programmes and in the case of the new colleges and universities to introduce staff CPD.

The standards framework

The framework has a descriptor-based approach to standards. There are three standards: standards 1, 2 and 3. Each standard has a descriptor and each standard is appropriate for staff with different levels of experience. This may be adapted at institutional level to meet local requirements.

Standard	Standard descriptor	Examples of staff groups
1	Demonstrates an understanding of the student learning experience through engagement with numbers 1 and 2 of the 6 areas of professional activity, all appropriate core knowledge and all professional values (see the full explanation below); the ability to engage in practices related to those areas of activity; the ability to incorporate research, scholarship and/or professional practice into those activities	Universities: e.g. graduate assistants, assistant lecturers CTEs: e.g. new instructors
2	Demonstrates an understanding of the students' learning experience through engagement with numbers 1–4 of the 6 areas of professional activity, all core knowledge and all professional values; the ability to engage in practices related to those areas of activity; the ability to incorporate research, scholarship and/or professional practice into those activities	universities: e.g. lecturers, assistant professors CTEs: e.g. experienced instructors
3	Supports and promotes student learning in all 6 areas of activity, core knowledge and professional values through mentoring and leading individual and/or teams, incorporates research, scholarship and/or professional practice into these activities	Experienced staff who have a substantive role in teaching and learning and mentoring colleagues to improve the student learning experience

The three elements for each standard indicator

The three elements are:

1. Areas of professional activity:

1. Design and planning of learning activities and/or programmes of study
2. Teaching and/or supporting student learning
3. Assessment and giving feedback to learners
4. Reflection and evaluation of practice and continuing professional development
5. Integration of scholarship, research, consultancy and community service with teaching and supporting learning
6. Developing effective environments and student support and guidance

2. Core knowledge and understanding:

1. The subject material
2. Appropriate methods for teaching and learning in a subject area and at the level of the academic programme
3. How students learn, both generally and in the subject
4. The use of appropriate learning technologies
5. Methods for evaluating the effectiveness of teaching
6. The implications of quality assurance and enhancement for professional practice

3. Professional values:

1. Respect for individual learners
2. Commitment to incorporating the process and outcomes of relevant research, scholarship and/or professional practice
3. Commitment to development of learning communities
4. Commitment to encouraging participation in higher education, acknowledging diversity and promoting equality of opportunity
5. Commitment to continuing professional development and evaluation of practice

4.3 Application of the standards

The standards can be applied to all activities including CPD and they can be mapped (matched and applied) against the framework. A mapping tool can help institutions evaluate their professional development activities against the framework. This mapping tool uses the three elements for each standards indicator – areas of professional activity; core knowledge; professional values and applies them to professional development activities.

Some examples mapping professional development activities against the Professional Standards Framework can be found in the appendices (pages 53–63):

Example 1 maps the Higher Diploma Programme against standard descriptor 3;
Example 2 maps a one day workshop for new staff against standard descriptor 1;
Example 3 maps the development of a course outline and scheme of work against standard descriptor 2.

4.4 Who should be involved in CPD?

The consensus has been that management, academic and administrative staff within an HEI should be involved in professional development to enhance the learning environment for the students. As the Australian model shows it includes academics, management and all support staff in order for CPD to be effective –" an holistic **approach to CPD**" is needed.

This approach recognises that for CPD to be effective the whole institution has to be actively involved in the creatlon of a "**learning community**".

4.5 How will CPD be organised in HE?

It has been made very clear that there is a need for a framework on the structure, management and implementation of CPD in universities and colleges of teacher education.

Management of CPD

The responsibility for the management of CPD will be a senior manager (e.g. Academic Vice President or nominated Dean, Dean of CTE) who should

– assign a CPD Coordinator, with the necessary qualifications and experience
– produce a CPD strategy
– allocate a CPD budget
– allocate time for CPD for staff
– provide administrative support

Implementation of CPD

The responsibility for the implementation will be the CPD Coordinator who should

– implemenat an annual action plan
– establish an appropriate system for the implementation of CPD

5. The Strategy for the Implementation of Continuing Professional Development

For CPD to be successful and effective, HEIs in Ethiopia need to become reflective and develop critical learning communities. This involves all staff sharing a common purpose which is to improve the quality of the students' learning experience through continuing professional development and to enhance their own career development

> **Every university and CTE should produce a strategy for building a critical learning community**

Laycock (2009), suggests a strategy for building a critical learning community:

a. Promote an open working environment where critical questions can be asked and experiences shared (create an organisation culture of trust, innovation and flexibility)
b. Develop action learning programmes throughout the University or CTE (encourage action research and the establishment of action learning sets)
c. Develop the discipline of dialogue and professional conversations in the organisation (create an environment of sharing best practice and mutual support)
d. Build team-learning skills (encourage and develop team working)
e. Promote the scholarship of teaching and learning (keeping up to date with pedagogical knowledge and skills)
f. Encourage and expand diversity, multicultural and global mindsets
g. Promote ideologies which exhalt measures such as continuous learning, openness and boundary crossing (encourage an interdisciplinary approach to CPD)
h. Promote shared decision making about the effective generation and maintenance of CPD frameworks (encourage and develop a participatory and democratic approach to CPD)
i. Respect diversity, create collaboration, partnership and learning

According to Laycock a critical learning community needs "mutual trust, democratic decision making and professional respect"

> **Every HEI should produce a strategy for the implementation of CPD and an annual CPD Plan**

The CPD strategy and annual plan must identify those responsible for CPD activities and the strategy should include a series of targets for professional development of management, academic and administrative staff over the next five years. (See appendix 2 for an example of an annual plan)

It follows then that time must be available to carry out this essential professional development.

Strategy for the implementation of Professional Development:

- The institution needs to recognise Continuing Professional Development for management, academic and administrative staff
- Responsibility for managing CPD should be clearly identified
- A minimum of 45 hours per year will be allowed for management, academic and administrative staff to engage in professional development activities
- An annual CPD Plan will be produced based on an analysis of needs of staff/ department/institution/community/region/nation
- All CPD activities and time scale will be agreed through appraisal
- An annual CPD budget will be allocated which is adequate to meet the needs of staff
- At the end of each year a CPD Report will be produced by the CPD Coordinator which outlines all CPD activities undertaken with a thorough review and evaluation of their input on the quality of learning and teaching within the institution
- This strategy for the implementation of CPD will be subject to annual review in the light of changes in priorities at institutional/regional/national level

> **A needs analysis is the starting point**

The needs analysis will start from the CPD needs identified by the individuals. These will be the result of "self assessment" or part of the annual appraisal carried out by the line manager. If no appraisal system exists it will be necessary to introduce a developmental appraisal system.

The line manager together with the CPD Coordinator will also be responsible for carrying out a needs analysis by department/institution. Local, regional and national needs must be integrated into the CPD plan as appropriate.

The CPD plan must include time for CPD activities – a minimum of 45 hours per year for management, academic and administrative staff – and a budget sufficient to meet the CPD activities planned.

Count the value not the hours

Professional development is about added value not merely recording hours and activities (Blyth, 2000).

The CPD Coordinator must produce an end of year report which describes the activities that have taken place and an evaluation of the impact on the institution.

The Professional Standards framework will provide the benchmark for institutional evaluation and should lead to a review of all processes, for example: recruitment, selection, induction, probation, job descriptions, performance review/ appraisal, promotion, workloads and social spaces.

6. The CPD Cycle

The CPD Cycle is a carefully planned response to identified development needs, both individual and organisational. It is a continuous process involving reflection, review and evaluation for improving the quality of the students' learning experience.

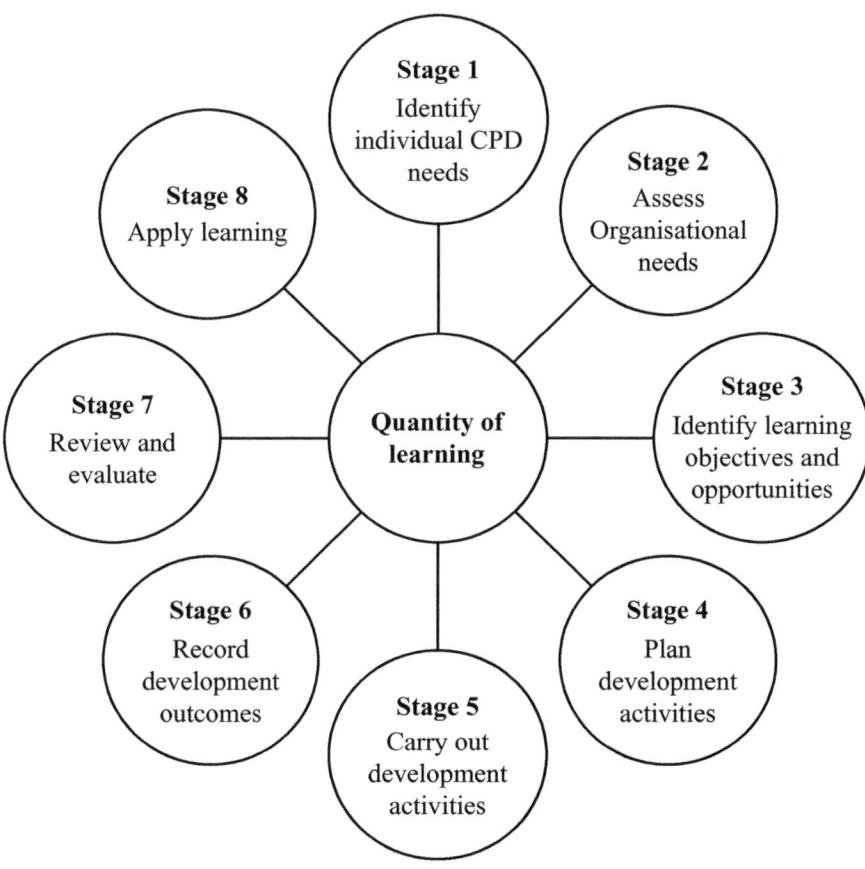

(adapted from AUA, (2009))

An effective CPD cycle to improve the quality of learning

Stages	Activity	Evidence	Reflection and Review
Stage 1	Identify individual CPD needs	Assessment of individual development needs	Self assessment Discussion with line manager Performance review/appraisal Individual professional development plan (IPDP)
Stage 2	Assess organizational need	Job descriptions Organisational strategy/values Student feedback Quality assessments Changes to systems, processes, working methods	Review requirements of the role within the team, department and organisation Review skills, experience, knowledge and behaviours required Skills audit
Stage 3	Identify learning objectives and opportunities	Identify learning objectives and support required Learning styles	Identify development methods to meet objectives taking into account learning style and resources
Stage 4	Plan development activities	Select most appropriate development method and identify desired outcomes	Identify any barriers that may hinder learning and put strategies in place to minimize these including time for reflection and implementation
Stage 5	Carry out development activities	Experience different types of learning: planned and unplanned; formal and informal	Keep a learning journal to reflect on planned learning and development activities and to capture unplanned learning
Stage 6	Record development outcomes	Reflect upon and record development	Record of learning outcomes Professional development journal (PDJ)
Stage 7	Review and evaluate learning	Review development activities Evaluate learning gained against outcomes	Review in discussion with line manager Update IPDP
Stage 8	Apply learning	Apply in the workplace Share learning with others Celebrate success	Seek ongoing feedback Return to stage 1 for continuous cycle

What is valued as CPD?

CPD Methods link directly to professional practice. Different methods serve different purposes. Some CPD methods which have been used successfully to facilitate professional development are:

• Planning sessions together	• Action research
• Peer observation	• Professional reading and research
• Observation of sessions and feedback	• Visiting other institutions/organisations
• Observation of students	• Sharing best practice
• Problem solving with students	• Taking on professional roles
• Assessment of students' work	• Team teaching
• Giving feedback and advice for development	• Workshops
	• Contacting experts
• Professional conversation	• Mentoring
• Researching	• Coaching
• Action learning sets	• Module development

Unplanned CPD

Not all CPD takes place as a result of a planned activity as part of the CPD cycle. Much learning and sharing of good practice can take place as a result of normal day to day contact and discussion with professional colleagues – this may be defined as professional conversations.

In many cases "unplanned learning" occurs, i.e. joining the cycle at stage 5. For example learning points may occur as a result of normal work activities. It is important to record such learning in the Personal Development Journal (PDJ) and to complete the cycle through to stage 8.

In some cases learning may be gained on behalf of a team or department, for example after a skills audit has revealed a gap In expertise in a particular area. Skills may be transferable into the wider workplace.

> **Being active in CPD will enhance your skills and employability**

7. Institutional and Management Support for CPD

It is clear from both international and national research that professional development is more successful where all staff are given encouragement and support from their line managers. This may take the form of simply positive feedback or a letter of acknowledgement by a head of department when CPD activities have been completed successfully.

> **Line managers should undertake training and development in coaching and mentoring to ensure CPD activities are successful in raising the quality of learning within an HEI**

The completion of CPD activities may be taken into consideration in promotion

7.1 Professional Colleagues at Institution Level

Research shows that professional development activities are most effective when carried out collaboratively in an atmosphere of mutual support and encouragement.

Within an institution there are many informal opportunities to share good practice, to seek encouragement and to give supportive feedback.

The CPD approach adopted by the institution should give formal opportunities for collaborative working – mentoring, coaching, experience sharing, team planning, peer observation, team teaching etc – which will have a significant and lasting impact on teaching, learning improvement and student achievement.

Most institutions also have professional colleagues who have a wealth of knowledge and experience and who are able to engage in formal and informal activities which enable them to share their expertise.

> **The most powerful and most accessible resources for CPD are found in the institutions themselves – committed and supportive colleagues.**

7.2 External Support

Other institutions and organisations, educational, businesses etc. have a wealth of knowledge and experience amongst their experts

> **If the institution organising CPD does not have the necessary knowledge, expertise or experience, then they should seek the help of an experienced and knowledgeable expert or organisation.**

Some examples of situations in which external support may be used:
The expert (or expert team) may:

- give help on identification of needs
- give individual help on self-assessment
- help an institution carry out self-assessment
- give presentations and advice on subject matter, methodology and resources for the programme
- demonstrate good practice
- help in designing a programme
- facilitate a programme, session or activity
- train those who will be facilitating the actual training
- assist in monitoring and evaluating the CPD programme

When engagrng the help and support of experts, it is always important to have the objectives of the CPD programme at the centre of all discussions.

Organisations, outside of the institution including government and non government organisations have the capacity and experience to offer expert help and support.

7.3 Support Materials

An institution which is committed to CPD will collect resources focused upon all aspects of CPD including methodology and subject knowledge. These will include books, journals, research papers, government reports, electronic information sources which will give advice on CPD issues and CPD activities in many different parts of the world, reports of research including action research and good practice from across the country. This provides access to, and engagement with, an appropriate body of knowledge.

8. Support, Quality Assurance and Enhancement of CPD for HE

The moderation arrangement for the Higher Diploma Programme is an example of a process for assuring support and quality of provision. Twelve universities have been selected on the basis of geography to facilitate the implementation of the HDP.

These clusters of Universities and CTEs can provide a support mechanism for CPD activities. A mutual support network can be facilitated through regular contact, visits and workshops to share expertise, resources and best practice to ensure the quality of the learning and teaching environments for all students in all HEIs.

HE CPD Support Clusters

Facilitating university	Clusters
Addis Ababa University	Adama University, Ambo University. Asella CTE, Kotebe CTE. Sebeta SN CTE
Bahir Dar University	Gondar University. Gondar CTE. Begemdir CTE
Debre Birhan University	Debre Birhan CTE.
Debre Markos Univerlsty	Debre Markos CTE, Finote Selam CTE, Gilgel Beles CTE, lnjibara CTE
Dilla University	Hawassa University, Meda Walebu University, Bule Hora CTE. Robe CTE. Hawassa CTE
Arba Minch University	Wollaita Sodo University. Arba Minch CTE, Hossana CTE
Haramaya University	Dire Dawa University, Jijiga University, Harar CTE, Dr Abdul Majid CTE
Jimma University	Jimma CTE, Bonga CTE. Metu CTE, Mizan Tepi University
Wollega University	Nekemte CTE, Dernbi Dollo CTE, Gambella CTE
Mekelle university	Semera University, Aysaita CTE
Wollo University	Dessie CTE, Kemise CTE. Sekota CTE, Woldiya CTE
Aksum University	Abiadi CTE, Adwa CTE

CPD is a measure of the commitment CTEs and universities have to improving the learning environment and assuring the quality of provision. Each institution is expected to identify its own priorities for improvement and to develop a CPD programme. To do so each institution must engender a climate for:

- The provision of opportunities for professional learning and development
- The provision of opportunities to obtain relevant academic qualifications
- Ensuring that professional development is undertaken
- Encouraging engagement in research and contribution to scholarship of teaching and learning

All HEIs will be encouraged to develop their own internal processes and procedures for quality assurance with the support of the clusters.

9. Responsibilities of CPD Stakeholders

Each stakeholder in CPD has responsibilities. For CPD to be successful there has to be supportive Interaction between all stakeholders.

Lecturers/Instructors are responsible for:

- enhancing the students' learning by engaging in CPD
- engaging in their own Continuing Professional Development throughout their careers to enhance the quality of teaching and learning
- in consultation with others (e.g. mentor, supervisor), identifying and monitoring progress against personal CPD needs relating to the institution's Annual CPD Plan and their individual Professional Standards
- working collaboratively with colleagues to improve teaching and learning
- carrying out forty five hours CPD each year
- being committed to supporting the wider CPD needs of their institution
- maintaining a Professional Development Journal to record all their CPD and other professional activities, including identlfying achievement of the Professional Standards.

CTEs' and Universities' Managers and Administrators are responsible for:

- quality assurance of CPD in support clusters
- ensuring that learning and student achievement is inclusive, and at the centre of strategic planning and resource management
- creating a CPD management strategy within the institution
- ensuring that an effective CPD needs analysis is carried out each year
- together with colleagues, identifying issues for consideration as CPD priorities
- ensuring that the institution/department produces an Annual CPD Plan and manages the budget
- regularly monitoring the effectiveness of the changes to teaching and learning
- ensuring the monitoring and assessing the content of individual PDJs
- taking part in regional and national CPD activities which ensure that their own knowledge and experience is up-to-date
- ensuring that all staff take part in forty five hours of CPD activities each year.

Supporting clusters are responsible for:
- supporting each other's institutions' CPD activities
- coordinating CPD activities within the cluster
- supporting PDJ development
- providing opportunities for collaboration and the sharing of good practice within the cluster
- providing training opportunities as appropriate
- supporting inclusive education – gender, ethnicity, special learning needs
- maintaining an effective communication system between all cluster institutions.

Regional Education Bureaus are responsible for:
- analysing and identifying regional priorities
- sharing information with all stakeholders
- appointing a responsible person for CPD to liaise with CTEs
- allocating the budget needed to implement the CTE CPD programme
- overseeing and facilitating the work of CTEs in their support of CPD in schools.

The Ministry of Education is responsible for:
- analysing and identifying national priorities
- raising awareness of the need for continuing professional development
- designing, implementing and reviewing the National Framework for CPD for Higher Education Institutions
- monitoring and evaluating the CPD programme for CPD for CTEs and Universities nationally and producing an annual report
- helping to increase capacity by training trainers
- raising awareness of and promoting inclusive education through CPD
- giving support to CTEs and Universities
- producing materials and organising training to implement them.

Consideration of the various stakeholders demonstrates the collaborative nature of CPD. For professional development in the universities and CTEs to be successful this collaboration needs to be strengthened.

10. Recording your CPD: The Professional Development Journal

A professional development journal is a record of an individual's own CPD activities and personal reflections. The records of CPD activities are used for reflective practice and to evaluate the impact of the practitioner's own practice on the students' learning experience and professional development. The PDJ is also evidence of how far a member of staff has developed both in their subject knowledge and in their commitment as a reflective "professional". This evidence will ultimately inform any future decision on promotion and salary increment.

> **Professional development needs to be self-directed and planned within the relevant context.**
> **Each person is required to keep a journal of CPD activities and reflections. The purpose of this is to:**
> - **Plan their CPD activities**
> - **Keep a record of activities undertaken**
> - **Provide evidence of participation in professional learning**
> - **Reflect on progress and identify areas for development**
> - **Provide a record of all development activities and identify improvement against the professional standards**
> - **Provide evidence that contributes to the annual performance review/appraisal**

[…]

The designated senior manager and CPD coordinator are responsible for monitoring and assessing the content of individuals' Professional Development Journals (PDJ) and providing constructive feedback.

The journal **should** include the following:

- individual CV (personal and professional data and qualifications)
- individual CPD Action Plans
- evidence of all the CPD activities which have been undertaken by the individual in the last three years

- feedback from mentors/facilitators/students
- individual's self-reflections on progress
- annual performance review/appraisal reports
- record of Professional Standards achieved
- details of any research undertaken (including Action Research) conference papers presented.

For **lecturers/instructors** the journal **should** also include:

- examples of an analysis of examination results
- examples of session plans with evaluations
- feedback from students
- attendance certificates for local, regional or national courses/workshops
- examples of materials prepared as part of CPD activities
- reports on teaching observations by peers or line managers/mentors
- examples of curriculum materials developed
- examples of audio visual materials prepared
- examples of assessment tasks and tests written and/or marking schemes developed by the teacher
- extra-curricular activities.

A journal does not have to include every piece of evidence. Informal chatting and sharing of experiences can simply be noted in a diary if they are significant.

Semester and weekly session plans and student records should be kept elsewhere The portfolio should be edited regularly, out-of-date material removed and new material added.

What is important is that CPD activities are:

> **Recorded, recognised and rewarded**

Where IT systems have been developed it would be preferable to record CPD activities in an "e journal".

> **What is important is that the records of CPD activities are used for: reflective practice; evaluation of students' learning and achievement; professional development.**

It is also important to demonstrate that each member of staff is a reflective practitioner who is constantly reflecting on her/his practice, evaluating the students' learning and engaging in professional development to enhance the quality of the students' learning experience and achievement.

There is no requirement to maintain duplicates of a PDJ. It is the individual's responsibility to maintain and catalogue her/his own experience, but it must be made available on request to senior managers and CPD coordinators for monitoring and assessment.

Bibliography

Association of University Administrators, **Continuous Professional Development Framework for staff working in professional services and higher education**, AUA, Manchester, UK (2009)

Blackwell, R. and Blackmore, P., **Towards Strategic Development in Higher Education**, Society for Research into Higher Education/Open University Press, Berkshire UK (2003)

Bleakley, C and Carson, A, **CPD: critical conversations in the theory – practice gap**, SEDA. London (2009)

Blyth, A., **Count the value, not the hours**, Architects Journal, EMAP Architecture (2000)

Chalmers, D., **Indicators of University Teaching and Learning Quality**, University of Western Australia; support for the original project was provided by the Australian Learning and Teaching Council Ltd, an initiative of the Australian Government Department of Education, Employment and Workplace Relations (2008)

Chalmers, D., **National Teaching Learning Quality Indicators Project – Final Report**, University of Western Australia; support for the original project was provided by the Australian Learning and Teaching Council Ltd, an initiative of the Australian Government Department of Education, Employment and Workplace Relations (2010)

Chalmers, D., Legg. K and Walker, B **International and National Quality Teaching and Learning Performance Models currently in use**, University of Western Australia: support for the original project was provided by the Australian Learning and Teaching Council Ltd, an initiative of the Australian Government Department of Education, Employment and Workplace Relations (2008)

Chalmers. D. and Thomson, K., **National Teaching Quality Indicators Projects, Four Dimensions of Teaching Quality Indicators**. University of Western Australia; support for the original project was provided by the Australian Learning and Teaching Council Ltd, an initiative of the Australian Government Department of Education, Employment and Workplace Relations (2009)

Clegg, S, **Problematising Ourselves: continuing professional development in higher education**, International Journal for Academic Development 8 (2003)

Department of Education. Employment and Workplace Relations **Review of Australia and International Performance Indicators and Measures of the Quality of Teaching and Learning in Higher Education**, Australia; support for the original project was provided by the Australian Learning and Teaching Council Ltd, an initiative of the Australian Government Department of Education, Employment and Workplace Relations, (2008)

Elton, L, **Continuing Professional Development in Higher Education – the role of the scholarship of teaching and learning**, SEDA, London (2009)

Grossman. A, Is professionalism always to be desired? Occasional Paper 5, Professional Values for the 21st Royal Society Arts, (October 2008)

Hall, J. **"Time to develop my career? That's a fantasy!" UK professional standards framework and ethical staff and educational development**, SEDA, London, (2009)

Harrison, R, **Learning and Development** (Third Edition), The Cromwell Press: Wiltshire, UK, (2002)

Higher Education Academy **The UK Professional Standards Framework for teaching and supporting learning in higher education**, London, UK (2007)

HMSO, The Future of Higher Education, cm 5735, London, UK, (2003)

HMSO, Further Education White Paper; Raising Skills, Improving Life Chances, London. UK, (2006)

HMSO, The Further Education Teachers' Continuing Professional Development and Registration (England) Regulations 2007 No 2116, UK, (2007)

King, H, **Continuing Professional Development in Higher Education:- what do academics do?** GEES Subject Centre, University of Plymouth, UK, (2004)

Kynaston, R and Maynard, C **"There just seemed so much to do..." Using institutional processes to support the development of professional standards at Liverpool John Moores University (LJMU)**, SEDA, London (2009)

Laing, J, **Teaching Quality Indicators Pilot Project**, RMIT University, Australia (2001)

Land, R, **Educational Development Discourse, Identity and Practice**, SHRE and Open University Press: Berkshire, UK, (2004)

Laycock, M, **CPD and Critical Learning Communities: you can't have one without the other**, SEDA, London (2009)

Laycock, M and Shrives L **Embedding CPD in Higher Education**, SEDA Paper 123, March 2009, London, UK

Livingstone G, **Taking Teacher Education Forward** Education/Policy Ref No Ed/Po 3, VSO. Ethiopia (2001)

McEvoy, P.E. and Aga, E **The Effectiveness of the Higher Diploma Programme for Teacher Educators at Asella TEC**, Asella, Ethiopia (2009)

McNiff, J with Whitehead, J & Laidlaw, M **Creating a good social order through action research**. Hyde Publications. 1992, Poole, UK

Megginson, D and Whitaker, V, **Continuing Professional Development**, Chartered Institute of Personnel and Development, London, UK (2007)

Ministry of Education, **Continuous Professional Development for Primary and Secondary School Teachers, Leaders and Supervisors in Ethiopia – The framework**, (2009)

Ministry of Education, **Education Sector Development Programme IV**, Ethiopia (2010)

Ministry of Education, **Higher Diploma Programme Quality Assurance and Strategy Workshop Report**, Addis Ababa (2009)

Ministry of Education, **Higher Diploma Programme Quality Assurance and Strategy Workshop Report**, Addis Ababa, (2010)

Nicholls, G. **Professional Development in Higher Education**, Kogan Page, London, UK (2001)

Peters, J, **What is the purpose of a University CPD Framework?** SEDA, London (2009)

Robson, J, **Teacher Professionalism in Further and Higher Education**, Routledge, London, UK (2006)

Rothwell, A and Rothwell, F, **Embedding CPD: policy implementation or research agenda?**, SEDA, London (2009)

Seden, R and Cope, S **Reflections on piloting Professional Teaching Standards: what have we learnt so far from beginning to implement our CPD Framework?**, SEDA, London (2009)

Shakeshaft, V **Asella College of Teacher Education, Continuous Professional Development (CCPD)**, Asella, Ethiopia (2010)

Skelton, A, **Understanding Teaching Excellence in Higher Education**, Routledge, London, UK (2005)

Soler, J., Croft. A. & Burgess, H. (eds) **Teacher Development: Exploring our own practice**. London. (2001)

Sursock, A, European Universities on the move. Paper presented at the ISSOTL Conference, University of New South Wales. Australia (2007)

Terry, D, **Teaching Quality Indicators Pilot Project**, The University of Queensland, Australia; support for the original project was provided by the Australian Learning and Teaching Council Ltd, an initiative of the Australian Government Department of Education, Employment and Workplace Relations (2009)

Turnbull, J, **Coaching for Learning**, Continuum International Publishing Group. London (2009)

University and College Union, **Professional development and the academic role: a discussion paper**, UCU, London (2006)

Webb, C, **Evaluation of the Teaching Quality Indicators Project – Final Report**, Australla; support for the original project was provided by the Australian Learning and Teaching Council Ltd, an initiative of the Australian Government Department of Education. Employment and Workplace Relations, (2009)

Abstract

Aus kulturanthropologischer Sicht wird Kultur als Ensemble erworbener Eigenschaften betrachtet. Kulturen bzw. Gesellschaften in ihrer spezifischen Prägung haben systemischen Charakter und bedürfen einer ganzheitlichen Betrachtung. Entwicklungszusammenarbeit impliziert die Veränderung des bodenständig gegebenen kulturellen Repertoires, induziert durch exogene Einwirkung bzw. Konfrontation mit neuen Anforderungen an die Adaptionsfähigkeit autochthoner Wertesysteme. Im Zuge entwicklungspolitischer Maßnahmen erfolgen Wissens- und Technologietransfer untrennbar von Kulturtransfer. Eine Nahtstelle dieses Geschehens ist der Bildungsbereich, wo Wissen vermittelt, Techniken erlernt und kulturell geprägte, spezifische Wahrnehmungs-, Denk- und Handlungsmuster berührt werden.

In der Projektarbeit in Entwicklungsländern wird vielfach eine Inkongruenz bodenständiger Traditionen mit Modernisierungsstrategien westlicher Provenienz, wie sie konsolidierten Industriegesellschaften mit säkularer, rationalistisch ausgerichteter Wirklichkeitsinterpretation eigen sind, greifbar. Aus einem andersgearteten kulturellen Kontext in einen bestimmten traditionellen Gesellschaftstypus hineinwirkende Maßnahmen zwischenstaatlicher Entwicklungshilfe stellen eine Intervention in ein fremdes sozio-kulturelles Milieu dar. Sie gehen mit Prozessen von Bewusstseinsbildung einher, die stets Nahtstellen kultureller Systeme affizieren bzw. Veränderung suggerieren, zum Beispiel die Übernahme industrieller Sekundärtugenden wie intrinsische Leistungsmotivation oder eines linearen, gleichsam metronomisch getakteten Zeitverständnisses. In der entwicklungspolitischen Debatte stellte sich in den zurückliegenden Jahrzehnten allmählich eine Akzentverschiebung ein; die Erkenntnis trat hervor, dass Standards für Veränderung von den Ziel ländern selbst generiert werden müssen.

Die skizzierten Zusammenhänge werden am Beispiel des Projektalltages an der deutsch-äthiopischen Modellhochschule, Adama University, Äthiopien, anhand einer selektiven Typologie sozio-kultureller Determinanten - Zeit, Klientelismus, Sprache -, die sich auf Mikroebene als besonders signifikant erwiesen, exemplarisch aufgezeigt. Sie sind zugleich Plädoyer für die Abkehr von technizistischen Konzepten in der Entwicklungszusammenarbeit und die stets neu zu leistende Vergegenwärtigung der Kulturgebundenheit von Technik und Wissen.

www.ingramcontent.com/pod-product-compliance
Ingram Content Group UK Ltd.
Pitfield, Milton Keynes, MK11 3LW, UK
UKHW021836210426
5322IPUK00021B/317